Salbei

Tatiana Y. Silla

Mit Illustrationen von
Linda Wolfsgruber

mandelbaums *kleine gourmandisen*
N° 31

Die *kleinen gourmandisen* werden herausgegeben von Michael Baiculescu und Margot Fischer.

www.mandelbaum.at
www.mandelbaum.de
ISBN 978-3-85476-864-7

office@mandelbaum.at
Wipplingerstr. 23, 1010 Wien

3. Auflage 2025
Lektorat: Margot Fischer
Satz und Umschlaggestaltung: Michael Baiculescu
Illustrationen: Linda Wolfsgruber
Druck: Interpress, Budapest

»Die Küche. La cucina, meine wahre Heimat, die warme Höhle der guten Hexe, versunken ins menschenleere Land der Einsamkeit, mit Töpfen voll süßer Tränke, die über dem Feuer brodelten, eine Grotte mit magischen Kräutern, Rosmarin und Thymian, Salbei, Oregano und Lotosbalsam, die den Wahnsinnigen Heilung, den Gequälten Frieden, den Verzweifelten Freude brachten.«

John Fante

Als ich überlegte, was speziell mich mit Salbei verbindet, fielen mir diese Zeilen John Fantes aus seinem Roman *The Brotherhood of the Grape* ein. Im Unterschied zu Basilikum, durch das ich schon als Kind sozusagen familiär geprägt wurde, habe ich Salbei, den ich viele Jahre verwendete und auch auf meinem Balkon zog, als ein Küchenkraut betrachtet, dem – weil es sich immer in einem Bouquet mit anderen Kräutern befand – gewissermaßen die Eigenständigkeit fehlte. So als ob er sein Bestes im sonntäglichen Braten erst in Begleitung von Rosmarin, Thymian oder der unvermeidlichen Karotte oder Zwiebel geben könnte. Als ich vor einigen Jahren zu Besuch bei einer Freundin war, die eine wahre Passion für Salbei hatte, kam ich mit einem prächtigen Stock aus dem Urlaub zurück, den ich einpflanzte. In der Folge begann ich mit seiner Verwendung zu verschiedensten Speisen zu experimentieren, wobei ich versuchte, ihm die verdiente Autonomie zu geben, und ich habe mich nicht nur in seine Vielseitigkeit verliebt, sondern war auch überrascht von dem »magischen touch«, den er Gerichten zu verleihen vermag, die ohne ihn langweilig schmecken würden.

Dies ist der Grund, weshalb ich mich entschlossen habe, mit diesem Büchlein einen historisch-kulinarischen Beitrag zu einem Gewürz zu geben, das allzu lange Zeit unterschätzt wurde, indem man ihm die Rolle eines Dieners im Verein mit anderen Kräutern zuwies.

ETYMOLOGIE

Der wissenschaftliche Name *Salvia* hängt mit den heilenden Eigenschaften des Salbeis zusammen, die bereits in der Antike bekannt waren; er wurzelt im lateinischen Präfix *sal-*, welches auch im Verb *salvare* (retten, bewahren), im Adjektiv *salvus* (heil) und im Substantiv *salus* (Gesundheit) enthalten ist. Dieser lateinische Ursprung des Salbeis zeigt sich auch in anderen Sprachen: So nennt man die Pflanze auf Englisch *sage*, auf Französisch *sauge*, im Italienischen, Spanischen und Schwedischen *salvia*, auf Portugiesisch *salvia* oder *sarvia*, im Rumänischen *salvie*, auf Holländisch *salie*, auf Ungarisch *zsálya*, auf Litauisch *šalavijas*, im Serbischen *žalfija*, auf Polnisch *szałwia*, auf Slowenisch *žajbelj*, auf Russisch *shalfej* und im Georgischen *salbi*. Eine Ausnahme bildet das Griechische mit *alisfakia*, was wahrscheinlich mit den in der Antike gebräuchlichen Namen *sphakos* und *elelisphakos* zusammenhängt. In einigen Ländern hat bzw. hatte der Salbei neben seinem offiziellen auch volkstümliche Namen, die in Zusammenhang mit seiner Verwendung als Kräutertee stehen; so nennt man ihn in Italien und Frankreich *Griechischer Tee* (*tè di Grecia* bzw. *thé de la Grèce*), der wiederum in Holland als *Französischer Tee (Franse thee)* bezeichnet wird, während er in Bulgarien, diesmal mit keiner Nation in Verbindung gebracht, schlicht *chaj gradinski* (Gartentee) genannt wird.

BOTANIK

Botanisch gesehen gehört die Pflanzengattung Salbei zur Familie der Lippenblütler *(Lamiaceae)*. Diese umfasst zahlreiche aromatische Pflanzen, die nicht nur in der Küche, sondern auch bei der Herstellung von Parfums und Likören sowie in der pharmazeutischen Industrie eine Rolle spielen.

Die Gattung *Salvia* umfasst an wild wachsenden und kultivierten Hybridsorten an die 900 Arten, von denen ein Großteil Zierpflanzen sind, die wunderschöne, manchmal auch duftende Blüten haben.

Spricht man von Salbei, so bezieht man sich in der Kulinarik wie auch in der Pflanzenheilkunde gewöhnlich auf *Salvia officinalis*, den Echten Salbei, der auch Garten- oder Küchensalbei genannt wird.

Salvia officinalis ist ein immergrüner Strauch, der in dichten Büscheln wächst und eine maximale Höhe von 60 cm erreicht. Die länglich-ovalen Blätter sind graugrün, die Blüten violett. Die Pflanze stammt aus Südosteuropa und ist an der östlichen Adriaküste und auf den dalmatinischen Inseln, wo sie spontan wächst, sehr verbreitet. In den gemäßigten Zonen wird sie überall kultiviert, wobei sie trockene, steinige und sonnige Standorte bevorzugt.

WIRKUNGEN

Auf ihre Heilkräfte weist bereits der lateinische Name *officinalis* hin, der sich auf die *officine*, antike pharmazeutische Werkstätten, bezieht. Einst wurde Salbei als Allheilmittel betrachtet. Er ist reich an ätherischen Ölen, Flavonoiden und Phenolsäuren, die entzündungshemmend, antiseptisch und harntreibend wirken. Seine Inhaltsstoffe regen die Verdauung an und helfen vor allem bei Reizdarm und gastrointestinalen Beschwerden.

Dank seiner tonischen, adstringierenden und antibakteriellen Wirkung wird er oft in Mundwassern oder in Gurgelmitteln zur Bekämpfung von Entzündungen des Hals-Rachenraums verwendet. Bis heute ist er Bestandteil von Zahnpasta und wurde lange vor deren Erfindung zur Mundhygiene über Zähne und Zahnfleisch gerieben. Salbei stimuliert die Funktion von Darm und Zwerchfell, senkt den Blutzuckerspiegel, verringert Schweißabsonderungen und ist außerdem ein effizientes natürliches Antioxidans. Auf die Atmungsorgane hat er eine beruhigende, antiseptische und schleimlösende Wirkung und hilft auch bei Asthma. Darüber hinaus findet er Anwendung in der Frauenheilkunde, da er auf Grund einer östrogenähnlichen Wirkung den Menstruationszyklus reguliert und Störungen in Zusammenhang mit der Menopause – insbesondere Hitzewallungen – mildert. Salbei wird auch für Kosmetik und Körperpflege verwendet, etwa in Shampoos oder Packungen gegen Haarausfall oder Schuppen. Salbeiaufguss wird seit der Antike auch zum Dunkelfärben der Haare benutzt.

Es lohnt sich aber auch ein paar Anmerkungen zu Arten zu machen, die aus anderen Gründen von Interesse sind.

SALVIA SCLAREA UND SALVIA PRATENSIS

Salvia sclarea – auch Muskatellersalbei, Muskat-Salbei, Römischer Salbei, Scharlei, oder Scharlauch genannt – kann als eine »mildere Version« seines engen Verwandten, des Echten Salbeis, betrachtet werden. Der Muskatellersalbei, der in Mittel- und Osteuropa sowie in Westasien vorkommt, ist eine immergrüne, zweijährige, ausdauernde, krautige Pflanze. Die Pflanze erreicht eine Höhe von 50–110 cm.

Der Name *sclarea* leitet sich vom lateinischen Verb *clarescere* (deutlich werden) ab, und weist so auf den Gebrauch hin, den man in der Antike von ihm machte, um Augenkrankheiten zu kurieren, aber auch um seherische Fähigkeiten zu entwickeln. Im Mittelalter nahm man vor dem Schlafengehen ein paar Blätter in den Mund, um zukunftsweisende Träume zu fördern. Um einen Fremdkörper aus dem Auge zu entfernen, brachte man einen Samen ins Auge ein, der dank seiner schleimigen Hülle den Fremdkörper anzog und so dessen Entfernung erleichterte. In der Volksheilkunde verwendet man die Pflanze gegen Menstruationsbeschwerden, Ausbleiben der Menstruation, Angstzustände und Depression, zur Behandlung von Entzündungen der Atemwege und des Rachens, bei Kopfschmerzen, Krämpfen und Erkrankungen des Magen-Darm-Trakts. Auch bei einer schwachen Verdauung, bei Appetitlosigkeit und Magenbeschwerden empfahl Hildegard von Bingen einen aus Wein, Muskatellersalbei, Honig, Fenchelsamen und Poleiminze hergestellten Trank.

In der Aromatherapie wird allerdings *Salvia officinalis* bevorzugt, da die ätherischen Öle *Salvia sclarea* Thujonen (in größeren Mengen toxisch) enthalten. Wegen des Aromas, das etwas an die Muskatellertraube erinnert, wird *Salvia sclarea* auch für die Nahrungsmittel- und Likörindustrie angebaut. Als aromatischer Zusatz dient er überdies sowohl bei der Herstellung von Bieren als auch diversen Likören wie z.B. Vermouth. In der Küche eignet sich Muskatellersalbei, wenngleich er nicht so aromatisch ist wie der Echte Salbei, seiner großen Blätter wegen zum Panieren und frittieren, aber man verwendet ihn auch zu Fleischspeisen, für süßsaure Marinade oder zu Süßwasserfischen.

In freier Natur ist am häufigsten *Salvia pratensis*, auch Wiesensalbei genannt, anzutreffen. Aus der Mittelmeerregion stammend, findet er sich bis zu einer Höhe von 1600 Metern auch in den Alpen und in Mitteleuropa. Er verfügt über antiseptische, hypoglykämische, antimykotische, entzündungshemmende, stimulierende, verdauungsfördernde und antidepressiv wirkende Eigenschaften. Auch wenn seine Blätter weniger intensiv riechen als die des Echten Salbeis, kann er in der Küche zur Bereitung von Sirup oder Likör, aber auch für Fleischgerichte und in Teemischungen verwendet werden. Die schönen, violett gefärbten Blüten eignen sich darüber hinaus für dekorative Garnierungen.

SALVIA APIANA UND SALVIA DIVINORUM – ZWEI SALBEIARTEN FÜR RITUELLE ZWECKE

Weißer Salbei, auch Indianischer Räuchersalbei genannt, ist im Südwesten der Vereinigten Staaten sowie im Nordwesten Mexikos heimisch. Die immergrüne, mehrjährige Pflanze ist zirka 120 cm hoch. Ihre Blüten ziehen viele Insekten an, vor allem bestäubende Bienen, was der Grund für ihren botanischen Namen ist: *Salvia apiana* bedeutet »Bienensalbei«. Meist werden getrocknete, lose Blätter zum Räuchern verwendet oder zusammengebundene Blätter, sogenannte »smudge sticks« an einem Ende angezündet. Er ist vor allem mit den Riten der amerikanischen Ureinwohner verbunden, die ihn für Räucher- und Reinigungszeremonien wie z.B. für Schwitzhütten-Rituale verwenden. Und er wird während schamanischer Reisen eingesetzt, wobei sein Geruch die Erlangung eines höheren Bewusstseins erleichtern soll.

Seit einigen Jahren auch in Europa bekannt, wird er hier vor allem als energetisches Reinigungsmittel und zur Vertreibung von negativen Energien aus Gegenständen und Räumen benutzt.

Eine andere Salbeiart wächst in Mexiko, auf den Bergen des Bundesstaats Oaxaca. Es handelt sich um *Salvia divinorum* (Azteken- oder auch Götter-Salbei oder Wahrsage-Salbei genannt). Er wird vor allem von den Mazateken, einem indigenen Volk aus Mexiko, verwendet. Niedrige Dosierungen dienen der Behandlung diverser körperlicher Beschwerden, während höhere lebhafte Visionen erzeugen, weshalb man sie für schamanische Reisen ebenso verwendet wie als Mittel, in die Zukunft zu sehen oder die Ursache für Krankheit bzw. das Mittel gegen sie zu finden. Schon in den 1930er-Jahren wurde die Pflanze untersucht, aber erst der amerikanische Ethnobotaniker Daniel J. Siebert konnte in den 90ern Salvinorin A als die in der Pflanze enthaltene psychotrope Hauptsubstanz identifizieren, welche einige unangenehme Nebenwirkungen haben kann.

HISPANISCHER SALBEI UND SEINE WERTVOLLEN SAMEN

Eine historisch wie kulinarisch interessante Salbeiart ist die Mexikanische Chia (*Salvia hispanica*). Sie stammt aus Guatemala und Mexiko und ist eine einjährige Pflanze mit violetten Blüten, die 150 cm hoch werden kann. Sie ist vor allem durch ihre Samen bekannt, die ab 2009 als Chiasamen auf die Tische der europäischen Verbraucher kamen. Sie avancierten dank ihrer Nährwerte in kurzer Zeit zu einem der begehrtesten Produkte unter den *Superfoods*. Chiasamen haben einen niedrigen glykämischen Index, sind glutenfrei und beinhalten unter anderem die Vitamine C und A. Außerdem sind sie reich an Spurenelementen sowie Antioxidantien, haben einen hohen Gehalt an Omega-3 Fettsäuren und Eiweiß mit allen acht essentiellen Aminosäuren. Chiasamen können die neunfache Menge ihres Gewichts an Wasser absorbieren, weshalb sie nicht nur sättigend sind, sondern auch als Darmreiniger fungieren.

In Mittelamerika geht ihr Konsum auf die antike Kultur der Maya und Azteken zurück. Diese Samen wurden verwendet, um nahrhafte Riegel mit Mandeln und Honig, Brot und aus einer Art Chiamehlpaste *(chianpinolli)*, Maismehl, Amarant und Wasser einen, *atolli chiampitzahuac* genannten Brei zuzubereiten. Die Samen dienten außerdem der Herstellung einer Reihe von Energydrinks ähnlich der *chia chiara* oder auch *iskiate* (Wasser, Chiasamen, Zitronensaft und Agavenzucker bzw. Honig), ein Getränk, das heute in einigen Regionen Mexikos erhältlich ist. Die Azteken verwendeten Chia auch als Zahlungsmittel, in der Herstellung von Emailglasuren und Farben und als Heilmittel bei Fieber, Durchfall, Augenkrankheiten, Infektionen und zum Kraft- und Energiegewinn vor Kampfhandlungen. Als die Konquistadoren bemerkten, dass Chia auch in einigen religiösen Zeremonien und als Opfergabe für die Göttin Cu verwendet wurde, verboten sie im Zuge gewaltsamer Christianisierung nach dem Schleifen der Tempel sogar den Anbau dieser Pflanze. Trotz des Verbots wurde sie jedoch in einigen abgelegenen Tälern weiterhin angebaut. In den 1960er-Jahren wurde sie für den Weltmarkt entdeckt und seit den 1990er-Jahren in großem Umfang kultiviert. Heute sind die Hauptproduktionsländer Mexiko, Guatemala, Argentinien, Kolumbien, Peru und Bolivien.

In der Küche ist Chia erstaunlich vielseitig verwendbar. Die Samen eignen sich als Verdickungsmittel für Fruchtmus (siehe Rezept S. 57) ebenso wie für Pudding und für Suppen, als Ersatz für Maisstärke, aber auch für die Herstellung von Crackern, Brot, Powersnacks, vegane oder vegetarische Burger Patties und Bällchen (siehe Rezept S. 37), als in Wasser schnell aufgehende Keime für Salate, als Energiespender in Smoothies, in Joghurt oder in Fruchtsaft. In süßen und salzigen veganen Gerichten ist Chia ein hervorragender Ersatz für Eier. Dafür genügt es, 1 EL der Samen mit 3 EL Wasser oder Pflanzen- bzw.

Nussdrink zu mischen und ca. 10 Minuten stehen zu lassen, bis ihre Konsistenz die eines rohen Eis erhält.

EIN HISTORISCHER SPAZIERGANG ENTLANG DES SALBEIS

Dank seiner Eigenschaften erscheint Salbei in zahlreichen medizinischen und historischen Dokumenten. Es lässt sich jedoch nicht immer eruieren, auf welche Arten man sich im Altertum bezog, sei es durch fehlende Informationen, sei es weil häufig für ein und dieselbe Pflanze unterschiedliche Namen gebraucht wurden.

Eines der ältesten Dokumente der Heilkunde, in dem der Gebrauch von Salbei *(Salvia miltiorhizza)* beschrieben wird, ist ein chinesisches Traktat des Kaisers Shen-Nung von 2700 v. Chr. In der Traditionellen Chinesischen Medizin wird die Wurzel dieser Salbeiart heute noch zur Behandlung von Koronarerkrankungen verwendet, um die Blutzirkulation zu verbessern und Blutstaus entgegenzuwirken. Auch die alten Ägypter wussten den Salbei zu schätzen. Im *Papyrus Ebers*, einem aus der Zeit von 1550 v. Chr. stammenden Dokument mit medizinischen Anweisungen und Zauberformeln, wird Salbei gegen Juckreiz empfohlen.

In der Bibel wird er nicht erwähnt, doch einige Studenten biblischer Botanik gründen ihre Hypothese, die Form der Menora, des siebenarmigen Leuchters, sei einem Salbeistock nachempfunden, auf den Umstand, dass alle Textstellen (in Exodus 25), die der Beschreibung der Menora dienen, der Pflanzenwelt entlehnt sind, und dass diese bestimmte Pflanze in Palästina nicht weit vom Sinai wächst.

Die Überlieferung verbindet Salbei seit jeher mit einigen Frauenleiden sowie mit der Fruchtbarkeit. In den *Hippokratischen Schriften* wird er als menstruationsanregendes Mittel und bei Gebärmuttererkrankungen empfohlen, aber auch gegen Blähungen und zur Reinigung von Wunden und Geschwüren findet er Anwendung. Auch die alten Römer verwendeten ihn – in der *Naturalis Historia* von Plinius wird darauf hingewiesen, dass er den Monatsfluss und das Harnen befördert und ein Mittel gegen Husten, Skorpionstiche, Schlangenbisse, das Jucken der Hoden und Rauigkeit im Hals ist.

Die glanzvollste Zeit des Salbeis brach im Mittelalter an, nicht zuletzt dank der norditalienischen Benediktinermönche, die ihn auch jenseits der Alpen bekannt machten. Der Kräutergarten spielt bei Benediktinermönchen eine essentielle Rolle, ist er doch ein Ort der Arbeit und der Kontemplation. Um 840 will Walahfrid Strabo, Abt des Klosters Reichenau am Bodensee, in seinem *Liber de cultura hortorum* (Buch über die Kultivierung der Gärten), bekannt auch als *Hortulus*, den Salbei, »süß von Geruch, voll wirkender Kräfte und heilsam zu trinken«, ganz vorn am Eingang des Kräutergartens platziert sehen. Einen Beitrag zu seiner Verbreitung in Mitteleuropa leistete auch Karl der Große, der in seiner *Capitulare de villis,* einer wichtigen Landgüterverordnung, ihren Anbau empfiehlt.

In der medizinischen Schule Salernos wurde Salbei als ein wahres Allheilmittel betrachtet, sodass er *Salvia salvatrix* genannt wurde. Ihm ist der Aphorismus Nummer 60 des Traktats *Regimen sanitatis Salernii* (Salernitanische Regel, 1100–1200) gewidmet. Um den guten Ruf des Salbeis zu bekräftigen, folgt hier auf die Frage, warum denn der Mann, in dessen Garten Salbei wachse, sterbe, die lakonische Antwort: »Gegen die Macht des Todes ist noch kein Kraut gewachsen.«

Salbei wurde auch in den folgenden Jahrhunderten sehr geschätzt. Im *Kreütter Buch* (1539) des Botanikers Hieronymus Bock wird er als »demokratische« Pflanze gelobt, »dann es dienet dem Artztet, Koch, Keller, armen und reichen«. Von Paracelsus und einigen seiner Schüler wird er unter dem Gesichtspunkt der Analogie studiert, der zufolge es möglich ist, die medizinischen und therapeutischen Eigenschaften einiger Pflanzen auf Basis von deren Ähnlichkeit mit Teilen des menschlichen Körpers zu bestimmen. Die Blätter des Salbeis, die durch ihre raue Oberfläche der Zunge ähneln, wurden deshalb zur Behandlung von Krankheiten der Zunge und des Rachenraums empfohlen.

Eine gut 414 Seiten starke Abhandlung, die sich vollständig dem Salbei widmet, erscheint jedoch erst mit der Monographie *Sacra herba, seu nobilis Salviajuxta leges* (1688) des Arztes und Universalgelehrten Christian Franz Paullini, der genau ein Jahrhundert später das Traktat *Das heilige Kraut, oder die Kräfte der Salbey zur Verlängerung des menschlichen Lebens* des englischen Arztes Johann Hill folgen sollte.

Mitte des 18. Jahrhunderts entdecken Mediziner weitere Eigenschaften der Pflanze. Der holländische Mediziner Gerard van Swieten, unter anderem Leibarzt Maria Theresias, weist auf die schweißhemmenden Eigenschaften von Salbeitee oder -tinktur hin, die sich sowohl bei Nachtschweiß von Rekonvaleszenten etwa einer Tuberkulose als auch im Klimakterium und bei Hyperthyreose (Schilddrüsenüberfunktion) als hilfreich erweisen.

Das Interesse für Salbei seitens Medizin und Wissenschaft lässt seit dem 19. Jahrhundert nach, hingegen etabliert sich seine Verwendung in der Küche, für Kosmetik und in der Volksmedizin. In den vergangenen Jahrzehnten kam es durch das gestiegene Interesse für Naturmedizin zu einer Wiederentdeckung der »Pflanze der tausend Eigenschaften«.

DIES UND DAS: LEGENDEN, VOLKSGLAUBE, KURIOSITÄTEN

Seit der Antike wurde Salbei, wie auch andere Pflanzen, für magische und hellseherische Zwecke gebraucht, wodurch sich im Lauf der Jahrhunderte die unterschiedlichsten Legenden bildeten.

In verschiedenen Überlieferungen wird er als Aphrodisiakum betrachtet. In diesem Sinne verwendete Cleopatra die Pflanze zusammen mit der Raute dazu, die Männer zu umgarnen. Doch der Hauptgrund, warum man ihn als magisches Mittel betrachtete, lag darin, dass man ihm eine die Empfängnis begünstigende Wirkung nachsagte. Aëtios von Amida, ein griechischer Arzt aus der ersten Hälfte des 6. Jahrhunderts, erinnert in seinem medizinischen Traktat daran, dass man in Äthiopien nach einer langen, viele Menschenleben fordernden Seuche die Frauen dazu zwang, Salbeisaft zu trinken und dass dank dieser Maßnahme das Land rasch wieder über Nachwuchs verfügte.

Es wird erzählt, die alten Römer hätten ein besonderes Ritual gehabt, Salbei zu ernten, das darin bestand, dass man ihn in eine weiße Tunika gekleidet und keinesfalls mit einem eisernen Werkzeug schnitt. Die Druiden scheinen ihn ihrerseits dem Met und dem Haferbier zugefügt zu haben, die sie in ihren Riten zur Potenzierung ihrer Gebete und ihrer Zauber verwendeten.

In der mittelalterlichen Vorstellungswelt war Salbei so gegenwärtig, dass man glaubte, man könne das Maß an Wohlstand und Gesundheit des Hausherrn und seiner Familie daraus ersehen, wie der Salbei im Garten wachse. Aber auch die Stellung des Hausherrn konnte daran abgelesen werden. Dies spiegelt sich in einigen deutschen Sprichwörtern wider, so etwa heißt es: »Treibt der Salbei üppig aus, herrscht der Mann nicht mehr im Haus«, oder auch: »Wo der Salbei gedeiht, ist eine starke Frau im Haus.«

Salbei wurde im Mittelalter auch deshalb geschätzt, weil man ihm nachsagte, er vermöge negative Einflüsse sowie den bösen Blick fernzuhalten. So war es u. a. Brauch, beim Hauseingang ein Bündel Salbei aufzuhängen, um Hexen zu vertreiben. Zusammen mit Safran, Nelken und Knoblauch wurde Salbei auch zu einem potenten Mittel, das vor bösem Zauber schützte und die Gesundheit erhielt. Zum Beispiel aß man gegen Fieber oder Dämonen üblicherweise 9 Salbeiblätter, während man eine magische Formel sprach. In seinem Traktat *Commentarius de praecipuis divinationum generibus* (1553) berichtet der Humanist Kaspar Peucher, dass es zu wahrsagerischen Zwecken Brauch war, Salbeiblätter im Freien auszulegen. Diejenigen, die der Wind nicht verblies, wurden nach ihrer jeweiligen Anordnung interpretiert. Salbei kam auch gegen Albträume zum Einsatz: Man legte ein paar Blätter unter eine brennende Kerze und sprach eine Beschwörungsformel.

Wegen seiner silbrigen Färbung wurde Salbei seit jeher mit der Kraft des Mondes und mit dem Weiblichen in Verbindung gebracht. Einem englischen Volksglauben des Mittelalters nach mussten die Mädchen, wenn sie das Aussehen des zukünftigen Ehemannes erfahren wollten, zur Mitternacht des Heiligen Abend zwölf Salbeiblätter sammeln, wobei sie darauf zu achten hatten, das zwölfte nicht zu beschädigen. Es sollte ihnen, wenn sie es ins Mondlicht hielten, den Schatten jenes Mannes zeigen, den sie heiraten würden. In England wurde Salbei außerdem als das Kraut für ein langes Leben schlechthin betrachtet. Nach dem volkstümlichen Sprichwort: *»He that would live for aye, must eat sage in may«*, würde man sich durch den Verzehr von Salbei im Monat Mai des ewigen Lebens versichern. Ein ähnlicher Spruch findet sich auch in Deutschland: »Salbei im Garten, der Tod kann warten.«

In der Renaissance durfte seine Verwendung in den *Esperimenti* der Caterina Sforza, Gräfin von Forlì, nicht fehlen, wo er zusammen mit anderen Kräutern in ihrem berühmtesten Rezept, dem *acqua celeste* erscheint, einer Art wunderkräftigem Tonikum, das »die Alten jung werden lässt und einen Toten lebendig«. Salbei war eines jener Kräuter, die man in der Johannisnacht (23. auf 24. Juni) pflückte, um Tränke und Medizinen aller Art herzustellen. Man meinte, dass der in dieser magischen Nacht gesammelte Salbei das Dreitagefieber zu heilen vermöge.

Dem Salbei wurde auch immer schon zugeschrieben, er vermöge die Pest abzuwehren. Eine Legende, die in verschiedenen Varianten erzählt wird, besagt, dass während einer Pestepidemie in Südfrankreich einige Diebe in die Häuser von Pestkranken einstiegen, ohne sich jemals mit der Krankheit zu infizieren. Nachdem man sie gefangen und zum Tode verurteilt hatte, schenkte man ihnen das Leben, weil sie dem Richter das Geheimnis ihrer Immunität verrieten, das darin bestand, dass sie sich am gesamten Körper mit Essig einrieben, der mit Salbei, Rosmarin, Thymian und Lavendel aromatisiert war. Auf diese Weise entstand der »Vierräuberessig«, der in französischen Apotheken produziert wurde und als Antiseptikum Verwendung fand.

Im 17. Jahrhundert, als China seine Handelspolitik lockerte und die Holländer in der Folge mit China Handel trieben, wurde *Salvia officinalis* zu einem der gefragtesten Handelsgüter, sodass der Salbei dreimal so teuer war wie der beliebte schwarze Tee. Salbeitee hatte viele Anhänger, unter ihnen

befand sich auch der berühmte Sonnenkönig. Im Tagebuch des Offiziers Philippe de Courcillons, dessen Eintragungen auch den Alltag am Versailler Hof schildern, findet sich ein Bericht des Marquis de Dangeau, demzufolge Ludwig der XIV. anstelle von Kaffee jeden Morgen eine Tasse Salbeitee zu sich nahm. Die Blätter wurden, außer zur Bereitung von Tee, im 18. Jahrhundert Asthmatikern verschrieben, die sie, um die Attacken zu bekämpfen, so wie Tabak rauchen sollten. Zuletzt sei bemerkt, dass ein Strauß Salbei mit blauen Blüten, den man der Geliebten schenkt, bedeutet, dass man ihre Vorzüge zu schätzen weiß.

WIE ZWEI LIEBENDE DURCH EIN SALBEIBLATT STARBEN

In der Antike wurde Salbei als wertvolles Mittel gegen Schlangenbisse und das Gift von Skorpionen betrachtet, er musste jedoch, so glaubte man, in der Nähe einer Raute gepflanzt werden, um vor »Infektionen« durch Schlangen und Kröten zu schützen. Der toskanische Arzt Castore Durante betont in seinem berühmten Herbarium: »… diese gefährlichen Tiere suchen gern unter Salbeipflanzen Zuflucht und infizieren diese mit ihrem verseuchten Speichel«, was er mit einer Geschichte aus Boccaccios *Decamerone* (siebte Novelle des vierten Tages) untermauerte, in der ein solchermaßen infizierter Salbei eine Rolle spielt: Im Florenz des 14. Jahrhunderts begegnen sich Pasquino und Simona, und verlieben sich ineinander. Eines Sonntags machen sie mit einem anderen Pärchen eine Landpartie. Pasquino und Simona legen sich abseits der beiden anderen neben einen schönen, großen Salbeistrauch, der die Aufmerksamkeit des Burschen erregt hat. Er pflückt ein Blatt und beginnt sich damit Zähne und Zahnfleisch einzureiben, was damals ein geläufiges Mittel zur Zahnpflege war. Bald darauf beginnt sich sein Gesicht in Zuckungen zu verzerren und er stirbt vor den ungläubigen Augen der Geliebten. Auf die Schreie Simonas eilen die beiden anderen herbei. Als sie den mit großen schwarzen Flecken bedeckten Körper des Toten sehen, bezichtigen sie das unglückliche Mädchen, sie habe Pasquino vergiftet. Jenes, von Schmerz überwältigt und unfähig, sich das Geschehene zu erklären, wird einem Richter vorgeführt, der sich jedoch, ihre Unschuld vermutend, an den Ort des vermeintlichen Verbrechens führen lässt. Das Mädchen nimmt, um den Vorgang zu erklären, von dem Salbei und reibt sich damit das Zahnfleisch, worauf auch sie kurz darauf stirbt. Der Richter, aufs Äußerste erstaunt von dieser unerklärlichen Wendung, ordnet an, den Salbeibusch zu verbrennen, da er giftig sei. Der Gärtner schickt sich an, die Pflanze zu zerstören, als der wahre Mörder der beiden Liebenden ans Tageslicht kommt: eine riesige Kröte, die, entsprechend dem bereits erwähnten Glauben, den Salbei mit ihrem giftigen Sekret verseucht hatte. Diese Geschichte sollte später von verschiedenen Autoren, unter anderem vom Poeten und Dramaturgen Hans Sachs, aufgegriffen werden.

SALBEI, EINE LEGENDE UND EINE OPER

Die Salbeipflanze ist auch mit der Legende der Flucht der Heiligen Familie nach Ägypten verbunden. Es wird erzählt, dass Maria, damit ihr Kind den Soldaten des Herodes entgehen möge, einige Pflanzen darum bat, es zu verbergen – doch nur der Salbei zeigte Mitleid und Großherzigkeit und war bereit, das Kind mit seinen Blättern zu bedecken. Daraufhin wurde dieser von Maria gesegnet und sie verlieh ihm aus Dankbarkeit die Fähigkeit, Menschen zu heilen, wodurch er zu einer Heilpflanze wurde. Diese Geschichte sollte Jahrhunderte später in Jules Massenets Oper *Le jongleur de Notre-Dame* aufgegriffen werden. Deutlich von der Neugotik beeinflusst, hat die Oper das Kloster Cluny zum Schauplatz. Jean, ein armer Jongleur, der vor kurzem in das Kloster eingetreten ist, macht sich Sorgen, weil er im Unterschied zu den anderen, viel fähigeren Mönchen, nichts hat, was er der Madonna als Geschenk darbieten kann. Bonifacio, ein Mönch, der Jean gut leiden kann, macht ihm klar, dass die Mitbrüder diesen Wettbewerb um das beste Geschenk nur aus Eitelkeit veranstalten, während Maria die einfachen Gaben liebe. Um ihn davon zu überzeugen, erzählt er ihm die Legende vom Salbei, der einfachen Pflanze, die im Gegensatz zur Rose, zur Weinrebe und zur Distel nicht gezögert hat, Jesus ihren Schutz anzubieten. Jean, davon ermutigt, beschließt daraufhin, vor dem Altar zu tanzen und zu singen. Die empörten Mönche versuchen ihn daran zu hindern, doch die Marienstatue wird lebendig und segnet Jean, der davon so bewegt ist, dass er vor den Augen der erstaunten Mönche stirbt.

Salbei und seine Darstellung in der Kunst

Es scheint, dass auch in den Motiven von Dürers Dresdener Altar, der um 1496 entstand, auf diese Legende zurückgegriffen wird. Der Mittelteil zeigt die Madonna in Anbetung des Kindes, der linke Flügel den heiligen Antonius (den Großen) mit einem Buch in der Hand und auf dem rechten ist ein junger heiliger Sebastian zu sehen, der mit gefalteten Händen betet und dabei beinahe einen Salbeizweig berührt, der sich in einem Glas befindet. Seine Hände wie auch der Salbei zeigen in Richtung der Madonna mit dem Kind. Einige Kunsthistoriker erblicken in eben dieser Geste eine Bezugnahme auf die Salbei-Legende, in der Jesus Zuflucht geboten wird. Ein anderer Bezug zum Salbei ist hier durch die Figuren des heiligen Sebastian und des heiligen Antonius als Schutzheilige gegen die Pest gegeben. Viele Jahrhunderte lang wurde Salbei, wie sich am Beispiel des »Pest-« oder »Vierräuberessigs« zeigt, zusammen mit anderen Ingredienzien als Mittel gegen diese Seuche verwendet, welche die Bevölkerung Europas einst dezimierte wie keine andere.

Gleichsam zeitgenössisch mit dem Altarbild Dürers findet sich in anderem Zusammenhang ein weiteres Kunstwerk, das auf den Salbei Bezug nimmt. Wegen seiner Heilkräfte hatte dieser einen Ehrenplatz in den Kräuterbüchern – Manuskripten, die zu wissenschaftlich-medizinischen Zwecken nicht nur Beschreibungen von Pflanzen und deren Heilkräften oder Giften nebst detailgetreuen Zeichnungen enthielten (ab dem Ende des 16. Jahrhunderts wurden die Zeichnungen durch getrocknete Pflanzen ersetzt), sondern auch die mit ihnen verbundenen Legenden und Möglichkeiten ihrer magischen Verwendung.

Leonardo da Vinci, der auch an Botanik interessiert war, bildete im Jahr 1508 ein Salbeiblatt als Naturselbstdruck ab, welcher sich im *Codex Atlanticus* der Biblioteca Ambrosiana in Mailand befindet.

SALBEI IN DER KÜCHE

Salbei, besonders seiner heilenden Wirkung wegen geschätzt, wurde erst ab dem späten Mittelalter als aromatisches Küchenkraut verwendet. Während es von alters her besonders zum Würzen von Fleisch und in einigen Suppen verwendet wurde, kommt diesem mediterranen Kraut mittlerweile ein Spitzenplatz in der italienischen Gastronomie zu: Es findet sich beispielsweise in der berühmten *Saltimbocca alla Romana* (siehe Rezept S. 23); zusammen mit zerlassener Butter an Ravioli; zusammen mit Rosmarin, Knoblauch und Thymian in Kalbs- wie auch Schweinsbraten; zu Wildfleisch; in Füllungen für weißes Fleisch und in Marinaden wie etwa in *Carpione* (siehe Rezept S. 40). Es empfiehlt sich auch zum Würzen herbstlicher Suppen mit Pilzen und Kürbis, zu Zucchini und anderem Gemüse und zu frischen oder getrockneten Hülsenfrüchten. In Pesto und diversen Saucen für Pasta ist es eine Alternative zu Basilikum und es aromatisiert Olivenöl, Salz (siehe Rezept S. 55) und Essig. Es kann auch bei der Zubereitung von Desserts, Marmeladen und Likören verwendet werden.

Ein kleines Kuriosum: Salbei ist eine essentielle Zutat von *Sage Derby*, einem im Vereinigten Königreich, genaugenommen in Derbyshire, hergestellten Cheddar-artigen Kräuterkäse. Es handelt sich dabei um den ältesten und berühmtesten englischen Käse, der ursprünglich nur zu besonderen Anlässen, wie beispielsweise zu Weihnachten, produziert wurde. Seine typische grüne Marmorierung erhält er dadurch, dass dem gepressten und gesalzenen Käsebruch (der anschließend mindestens sechs Monate reifen muss) Salbeiblätter beigegeben werden. Einige Käsereien pressen hingegen den bereits gereiften *Sage Derby* zusammen mit getrocknetem Salbei.

Die zahlreichen Salbei-Varietäten laden dazu ein, in der Küche mit ihnen zu experimentieren. Die am meisten verwendete Art ist hier der Echte Salbei (*Salvia officinalis lavandulifolia*). Für Rezepte, die größere Blätter erfordern, ist *Salvia officinalis latifolia* oder *Salvia sclarea* zu empfehlen. Falls man ein kräftigeres Aroma bevorzugt, kann man auf *Salvia variegata (Salvia officinalis variegata)* zurückgreifen, während sich für eine exotische Note – nicht zuletzt bei Desserts – die Varietät *Salvia ananas (Salvia elegans)* eignet, die (wie schon der Name sagt) an das Aroma der Ananas erinnert. Purpursalbei (*Salvia officinalis purpurascens*) sorgt hingegen mit seinen schönen, bunten Blättern für einen äußerst dekorativen Effekt.

Die Blätter des Salbeis entfalten im Sommer ihr stärkstes Aroma, und da sich dieses, im Unterschied zu anderen aromatischen Pflanzen, in getrocknetem Zustand nicht verringert, kann man sich beizeiten eine Reserve (getrocknet oder eingefroren) für den Winter zulegen. Am schnellsten gelingt dies, indem man die Blätter wäscht, mit einem Tuch oder einer Zentrifuge trocknet und auf einem mit Backtrennpapier ausgelegten Blech anordnet. Die Blätter werden bei möglichst geringer Temperatur (ca. 50/60 °C) im Ofen getrocknet, wobei die Ofentür einen Spaltbreit geöffnet bleibt. Die trockenen Blätter abkühlen lassen und in Gläsern mit luftdichtem Verschluss aufbewahren. Eine andere, sehr einfache Konservierungsmethode ist das Einfrieren. Die gereinigten, trockenen Blätter werden auf ein mit Backpapier ausgelegtes Backblech gelegt und für ca. 2 Stunden tiefgefroren. Danach gibt man sie in einen luftdicht verschließbaren Behälter und stellt sie sofort wieder in den Tiefkühler.

Für die Gerichte in diesem Buch werden, wenn nicht anders angegeben, frische Salbeiblätter verwendet.

Frittierter Salbei mit Sardellen

Salbeiblätter, in verschiedene Arten von Teig gehüllt, frittiert oder gebacken, findet man in mehreren Ländern. Salbeiküchlein, in Italien als *Frittelle di salvia*, in Frankreich als *Beignets de sauge* bekannt, werden in Südtirol *Salbeimäuse* genannt, da der aus der »Maus« ragende Salbeiblattstängel an deren Schwanz erinnert.

Für 6 Personen: 50 g Maisstärke • 70 g Mehl • ca. 250 ml kaltes Bier • 40 große Salbeiblätter • 4 EL Sardellenpaste oder 20 in Salz oder Öl eingelegte Sardellenfilets • Salz nach Bedarf • neutrales Öl zum Frittieren

Maisstärke und Mehl in einer Schüssel vermischen und in fadendünnem Strahl das Bier unterrühren, wobei ein klumpenfreier Teig entstehen soll. Die Schüssel mit einem Teller oder Tuch abdecken und den Teig 30 Minuten lang ruhen lassen.

Salbeiblätter waschen und gut trocknen. Falls man in Salz eingelegte Sardellen verwendet, diese gut abwaschen und mit Küchenpapier trocknen, falls es sich um Sardellen in Öl handelt, dieses gut abtropfen und das restliche Öl von Küchenpapier aufsaugen lassen.

Jeweils 1 Sardellenfilet oder etwas Sardellenpaste auf ein Salbeiblatt legen und nach Sandwichart mit einem zweiten Blatt bedecken, bis alle Blätter verbraucht sind.

In einem Topf reichlich Öl erhitzen, inzwischen die gefüllten Salbeiblätter in die Teigmasse tauchen und im heißen Öl goldgelb backen. Mit einem Schaumlöffel entnehmen und auf saugfähiges Papier legen, salzen und sofort servieren.

Salbeichips

Ein einfaches, aber effektvolles und sehr schmackhaftes Rezept, das Groß und Klein begeistern wird. Perfekt als Appetizer oder als Antipasto, als Begleitung zu einem Salat oder einfach als Snack.

Für 4–6 Personen: 8 große Kartoffeln (Sorten Agria oder Desirée eignen sich am besten) • große Salbeiblätter (für je 2 Kartoffelscheiben 1 Blatt) • Eiweiß (von 2–3 großen Eiern) • reichlich Erdnussöl • Salz

Kartoffeln waschen, schälen, trocknen und in sehr dünne Scheiben schneiden (dies gelingt am leichtesten mit einem Gemüsehobel). Salbeiblätter waschen und gut trocknen. Eine Seite jeder Kartoffelscheibe mit etwas Eiweiß bestreichen, ein Salbeiblatt darauflegen und mit einer zweiten Kartoffelscheibe bedecken. Damit fortfahren bis alle Scheiben verbraucht sind. Das Öl erhitzen, die Chips nach und nach frittieren, auf Küchenpapier legen, salzen und möglichst heiß servieren.

Salzige Muffins mit Birne, Käse und Salbei

Für ca. 12 Muffins: 1 große Birne • 80 g Emmentaler (gewürfelt) • 3 große Eier • 20 g Parmesan (gerieben) • 80 g cremiger Frischkäse • Salz und Pfeffer • 200 ml Milch • 80 ml Sonnenblumenöl • 6 Salbeiblätter (gehackt) • 1 Pck. Weinstein-Backpulver • 300 g Dinkelmehl

Birne schälen und das Kerngehäuse entfernen. Birne und Emmentaler in Stücke von ca. 1,5 cm Seitenlänge schneiden. Backofen auf 180 °C Ober-/Unterhitze vorheizen.

Eier zusammen mit Parmesan und Frischkäse verquirlen, 1 Prise Salz und Pfeffer, Milch, Öl, Salbei sowie die Birnen- und Emmentalerstücke dazugeben und gut durchmischen. Dann das mit dem Backpulver versiebte Mehl beifügen und mischen. Sollte der Teig zu kompakt sein, noch ein paar Tropfen Öl dazugeben. Muffinpapier in die Muffinformen geben und die Vertiefungen zu etwa drei Vierteln mit dem Teig füllen. Im vorgeheizten Ofen ca. 20 Minuten backen (Stäbchenprobe machen). Herausnehmen und abkühlen lassen. Lauwarm mit oder ohne Käse und Aufschnitt servieren. Hervorragend auch kalt als Picknick oder Jause.

Salzige Salbeikekse

Diese salzigen Kekse eignen sich perfekt als Fingerfood, als Begleitung zu einem Aperitif oder als Vorspeise, z.B. auf der Basis von Ziegenkäse, aber auch als Jause und für zwischendurch.

Für 6–8 Personen: 500 g glattes Mehl (Deutschland Type 405) • 1 Pck. Weinstein-Backpulver • Salz nach Belieben • 12 mittelgroße Salbeiblätter • 150 g Butter (zerlassen) • 200 ml Milch

Backofen auf 180 °C Ober-/Unterhitze vorheizen. Mehl, Backpulver und 1 Prise Salz vermischen. Salbeiblätter mit dem Messer hacken und zusammen mit der Butter untermischen. Nach und nach auch die Milch in den Teig einarbeiten, bis eine homogene Masse entsteht. Falls der Teig zu fest ist, noch etwas Milch dazugeben. Mit einem Nudelholz zu einem ca. 1 cm starken Teigfladen ausrollen. Den Teig mithilfe einer oder mehrerer Formen ausstechen und die Kekse auf ein mit Backpapier ausgelegtes Blech legen. Im vorgeheizten Ofen ca. 10 Minuten backen.

Champignon-Salbei-Aufstrich

Für 6 Personen: 500 g Champignons • 4 EL natives Olivenöl extra • 1 Knoblauchzehe • 1 kleine Schalotte • 6–8 Salbeiblätter • Salz und Pfeffer • 200 g Quark • Toskanabrot

Champignons putzen und blättrig schneiden. In der Pfanne mit ein wenig Öl und der ganzen Knoblauchzehe anbraten, öfter umrühren. Die Schalotte fein hacken und gesondert in Öl anbraten. Pilze (ohne den Knoblauch), Salbei, Salz, Pfeffer und Schalotte in den Mixer geben. Nach dem Durchmixen den Quark dazugeben und nochmals mixen, bis eine cremige Konsistenz erreicht ist. Den Aufstrich zu Brot oder Crostini servieren.

Tofubällchen mit Salbei

Das vegane Rezept für Tofubällchen mit Salbei ist sehr einfach. Sie können sowohl heiß als auch kalt zu einem Aperitif oder als Teil eines kalten Buffets genossen werden.

Für 4 Personen: 250 g Tofu • 50 g Paniermehl • 12 Salbeiblätter (gehackt) • 1 Knoblauchzehe (fein gehackt) • 30 g Mehl • Salz und Pfeffer nach Bedarf 50 g Haferflocken • natives Olivenöl extra nach Bedarf

Tofu abspülen, gut abtropfen lassen und in eine Schüssel geben. Paniermehl, Salbei, Knoblauch, das Mehl sowie Salz und Pfeffer dazugeben und alles gut mit den Händen oder einer Gabel durchkneten. Walnussgroße Bällchen formen. Haferflocken auf einen Teller geben und die Bällchen darin wälzen, sodass sie rundum damit bedeckt sind. In einer Pfanne etwas Öl erhitzen und die Bällchen bei mäßiger Flamme auf allen Seiten anbräunen.

Scampi im Ofen mit Pancetta und Salbei

Ein einfaches, schnelles Gericht für eine schmackhafte, effektvolle Vorspeise.

Für 6 Personen: 20 frische Kaisergranate (Scampi) oder Riesengarnelen • Saft von 2 Zitronen • Salz und Pfeffer • 20 Salbeiblätter • 20 dünne Scheiben geräucherter Pancetta oder Lardo di Colonnata • natives Olivenöl extra

Kaisergranate schälen und Därme entfernen, waschen und trocknen. Zusammen mit dem Zitronensaft, Salz und Pfeffer 60 Minuten marinieren. Backofen auf 180 °C Ober-/Unterhitze vorheizen. Kaisergranate abtropfen lassen und jeden einzelnen zusammen mit 1 Salbeiblatt in 1 Scheibe Pancetta wickeln. Mit einem Zahnstocher fixieren und leicht mit Öl bepinseln. Auf einem mit Backpapier ausgelegten Blech anordnen und im Ofen ca. 10–15 Minuten braten. Heiß mit gemischtem Salat oder Saisongemüse servieren.

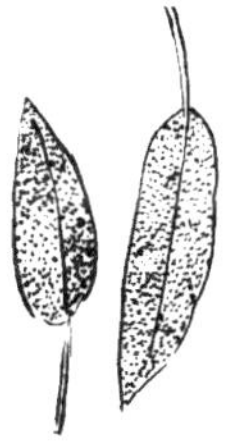

SUPPEN

Aigo boulido

Die *Aigo boulido* (»gekochtes Wasser«) ist eine provenzalische Suppe, die ursprünglich zu der Tradition des *Gros Souper* gehörte, d. h. zu den Speisen, die man zum Abendessen am 24. Dezember servierte. Wenn diese Suppe sich heute auch selten auf Festtafeln findet, so wird sie doch hin und wieder nach einer Zeit üppiger Festessen oder im Rahmen einer Diät zubereitet. Ein Sprichwort, das auf diesen Umstand anspielt, ist in der Provence noch immer sehr verbreitet: *L'aigo boulido sauvo la vido mai au bout d'un tèms tuo li gènt* (Aigo boulido rettet das Leben, doch auf lange Sicht tötet sie einen). Das Sprichwort unterstreicht die wohltuende Wirkung der Zutaten, aber auch den Aspekt eines äußerst niedrigen Nährwerts. Es gibt davon verschiedene Varianten, doch die Basis bilden immer Wasser, Salbei, Knoblauch, Salz, trockenes Brot und Olivenöl.

Für 4 Personen: 6–8 Knoblauchzehen • 1–2 Salbeizweige • 2 EL natives Olivenöl extra • 1 l Wasser • Salz und Pfeffer • 4 Scheiben Weißbrot

Knoblauchzehen schälen und zerdrücken, zusammen mit Salbei und 1 EL Öl in kaltes Wasser geben und aufkochen. 15 Minuten auf kleiner Flamme köcheln lassen. Den Topf vom Herd nehmen, mit Salz und Pfeffer abschmecken, einige Minuten ziehen lassen, nochmals abschmecken und abseihen. Brotscheiben toasten und in jeden Teller 1 Scheibe Brot legen. Auf jede Brotscheibe ein wenig Öl träufeln, die Suppe darübergießen und sofort essen.

Suppe mit Lauch, Zucchini und Kartoffeln

Für 6 Personen: 3 große Stangen Lauch • 4 große Kartoffeln • 4 Zucchini (ca. 750 g) • 1 Schalotte (gehackt) • natives Olivenöl extra • ca. 2 l Gemüsebrühe • 8 große Salbeiblätter • Salz und Pfeffer

Lauch, Kartoffeln und Zucchini gründlich waschen. Die Wurzeln sowie die härteren der grünen Lauchblätter entfernen und die Stangen in Scheiben schneiden. Zucchini in grobe Stücke und Kartoffeln in Würfel schneiden. Schalotte im Olivenöl anbraten und anschließend Lauch, Zucchini und Kartoffeln dazugeben. Kurz anbraten, mit einigen Schöpfern Gemüsebrühe aufgießen, den Salbei beifügen und alles ca. 10 Minuten kochen lassen; dann von der verbliebenen Gemüsebrühe so viel ergänzen, dass das Gemüse bedeckt ist. Ca. 20 Minuten köcheln lassen.

Das Gemüse, sobald es gar ist, mit einem Mixstab pürieren, salzen und pfeffern und nochmals ca. 10 Minuten kochen lassen, bis die Suppe cremig eingedickt ist. Heiß in die bereitgestellten Teller füllen und 1 Spritzer Olivenöl dazugeben.

Bohnen-Salbei-Cremesuppe

Der milde, leicht nussige Geschmack der Cannellini-Bohne verbindet sich wunderbar mit dem des Salbeis. Die folgende Creme eignet sich hervorragend für kalte Wintertage und lässt sich sehr einfach zubereiten.

Für 4 Personen: 250 g getrocknete Cannellini-Bohnen • 1½ l Gemüsebrühe • 4 EL natives Olivenöl extra • 8 frische Salbeiblätter • Salz und schwarzer Pfeffer • Sahne • Toskanabrot

Bohnen über Nacht einweichen; abseihen, in einen Topf geben und in der Gemüsebrühe weich kochen, dabei falls nötig weiteres Wasser dazugeben. Öl und Salbeiblätter beifügen, salzen, pfeffern und einige Minuten weiterkochen lassen; mit dem Mixstab pürieren, bis eine glatte Creme entsteht, die anschließend durch ein Haarsieb gestrichen wird. Mit ein wenig frischer Sahne, einem Hauch schwarzem Pfeffer und Toskanabrot servieren.

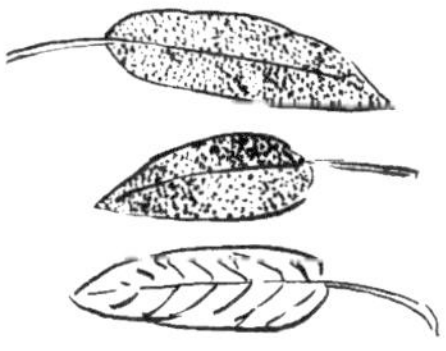

Thunfischspaghetti »My Way«

Für 4 Personen: 400 g Spaghetti • Salz • 1–2 Knoblauchzehen • 2–3 EL natives Olivenöl extra • 4 cm frischer Ingwer (geschält, fein gerieben) • 2 Dosen Thunfisch (a 160 g) in nativem Olivenöl extra • 4 Salbeiblätter • Schale 1/2 Bio-Zitrone (abgerieben)

Spaghetti in reichlich Salzwasser al dente kochen, währenddessen den Knoblauch fein hacken und in einem Topf im Öl 2–3 Minuten goldgelb rösten, dann den Ingwer dazugeben, umrühren und vom Herd nehmen.

Thunfisch abtropfen lassen, mit einer Gabel zerkleinern und zusammen mit dem Salbei und Zitronenschale zur Ingwer-Mischung geben und alles vermengen. Etwas Spaghetti-Kochwasser abschöpfen, Nudeln abseihen und mit dem Thunfisch mischen. Ein wenig von dem Kochwasser beifügen, alles nochmals durchrühren und 1–2 Minuten anbraten.

Tagliatelle mit Pfifferlingen und Salbei

Für 4 Personen: 400 g Pfifferlinge • 1 Schalotte (in Scheiben) • 6 EL natives Olivenöl extra • 3 Salbeizweige mit zarten Blättern (Blätter eines Zweiges gehackt) • Salz und Pfeffer • 2–3 EL saure Sahne • 360 g Eiertagliatelle • Parmigiano Reggiano (gerieben)

Pilze putzen, dabei den erdigen Teil entfernen und die Pilze mit einem feuchten Tuch leicht abwischen, anschließend in dünne Scheiben schneiden. Schalotte in einem Topf im Öl bei kleiner Flamme rösten; dann die Pilze, 2 Salbeizweige, je 1 Prise Salz und Pfeffer und die saure Sahne dazugeben und 15–20 Minuten köcheln.

Pasta in reichlich Salzwasser al dente kochen, etwas Kochwasser abschöpfen, Pasta abseihen. Ein wenig Kochwasser ins Pilzragout geben und alles bei lebhafter Flamme unter Rühren ca. 30 Sekunden einkochen lassen. Falls die Nudeln zu trocken sind, noch etwas Kochwasser beifügen. Vor dem Servieren Salbeizweige entfernen und die Pasta mit Parmesan und den gehackten Salbeiblättern bestreuen.

Spaghetti mit Salbei, Mandeln und Tomaten

Für 4 Personen: ca. 20 Cherry-Tomaten • 10 große Salbeiblätter (gehackt) • Salz • 400 g Spaghetti • 40 g geschälte Mandeln • 30 g Pecorino Romano (gewürfelt) • 30 g Parmigiano Reggiano (gewürfelt) + etwas zum Bestreuen (gerieben) • 1 Bio-Zitrone • natives Olivenöl extra

Tomaten waschen und vierteln. Salbeiblätter waschen und trocknen. Wasser zum Kochen bringen, Salz beifügen und Spaghetti einlegen. Inzwischen die Salbeiblätter und Mandeln, gewürfelten Parmesan und Pecorino, 1 Prise Salz, Saft und abgeriebene Schale einer halben Zitrone sowie 4–5 EL Öl in den Mixer geben. Den gut gemixten Inhalt und ein wenig Spaghetti-Kochwasser in eine Schüssel geben. Die al dente gekochte Pasta abseihen und sofort mit Pesto und Tomaten vermengen. Falls nötig noch etwas Salz oder Öl und zuletzt den geriebenen Parmesan dazugeben.

Strangolapreti

Bei *Strangolapreti* (Priester- oder Pfaffenwürger), einem typischen Gericht der Trentiner Küche, handelt es sich um äußerst schmackhafte Gnocchi aus Brot, Spinat, Eiern und Trentingrana, einem im Trentino produzierten Grana. Sie werden normalerweise mit geschmolzener Butter und Salbei serviert. Da es in einigen Regionen Italiens, die dem Kirchenstaat angehörten, eine Form von kurzer Pasta gibt, die sich *Strozzapreti* nennt (würgen und strangulieren sind im Italienischen Synonyme), darf man annehmen, dass diese seltsame antiklerikale Namensgebung mit der Verachtung verbunden ist, die ein Teil der Bevölkerung seit dem hohen Mittelalter gegenüber dem maßlosen Verhalten des Klerus bei Tisch empfand, der sich jeder Art von Völlerei hingab.

Für 4 Personen: 500 g altbackenes Weißbrot • ½ l Milch (warm) • 800 g Spinat oder Mangold • 140 g Butter • 2 Eier (verquirlt) • 100 g Grana (gerieben) • Muskatnuss nach Bedarf • ca. 100 g Mehl • Paniermehl • Salz nach Bedarf • 10 Salbeiblätter

Brot würfelig schneiden und in der Milch einweichen. Inzwischen Spinat putzen, in wenig Wasser blanchieren und gut abtropfen lassen. Spinat nach dem Abkühlen mit den Händen gut ausdrücken, wobei möglichst viel Wasser entfernt werden soll, anschließend fein hacken und in einer Pfanne mit 40 g Butter 5 Minuten lang anschwitzen. In einer Schüssel den Spinat, ausgedrücktes Brot, Eier, die Hälfte des Grana, Muskatnuss und Mehl vermischen und salzen. Die Masse sollte weich, aber kompakt sein; falls nötig etwas Paniermehl beifügen. Gnocchi in gewünschter Größe formen und in mäßig gesalzenem, nur leicht wallendem Wasser kochen. Sobald sie an der Oberfläche schwimmen, mit einem Schaumlöffel herausnehmen. Parallel dazu die Salbeiblätter in der restlichen Butter knusprig braten. Gnocchi mit dem Salbei (samt Butter) sowie dem restlichen geriebenen Grana servieren.

Risotto mit Salbeiblüten

Falls keine Blüten verfügbar sind, kann man auch Salbeiblätter allein verwenden; man braucht in diesem Fall nur die Anzahl der Blätter zu erhöhen und evtl. auch Salbeibutter (siehe Rezept S. 55) statt der angegebenen Butter zu verwenden.

Für 4 Personen: 1 kleine Schalotte • 2 EL natives Olivenöl extra • 360 g Bio-Risottoreis (Arborio oder Carnaroli) • Weißwein • 1 l Gemüsebrühe (heiß) • 2–3 Salbeiblätter (gehackt) • 3–4 EL Salbeiblüten (durchaus auch von Wiesensalbei) • Salz • 40 g Butter • Parmesan (gerieben)

Schalotte in feine Scheiben schneiden und in Olivenöl goldgelb braten. Reis dazugeben und einige Minuten unter ständigem Rühren anrösten. Mit etwas Weißwein ablöschen und den Alkohol vollständig verdampfen lassen. Einen Schöpflöffel Brühe dazugeben und mit dem Kochprozess ca. 18–20 Minuten unter häufigem Rühren fortfahren: Dabei immer wieder einen Schöpfer Brühe nachgießen, sobald der Reis die Flüssigkeit zur Gänze aufgenommen hat. Nach der halben Kochzeit die Salbeiblätter sowie die Hälfte der Blüten beifügen und mit dem Kochen fortfahren, nach Bedarf salzen. Am Ende der Garzeit den Topf vom Herd nehmen, Butterstück und ein wenig Parmesan dazugeben, gut mischen und zugedeckt 2 Minuten ruhen lassen. Mit weiterem Parmesan und den übrigen Salbeiblüten bestreuen und sofort servieren.

HAUPTSPEISEN

Leber nach Venezianer Art

Die Süße der Zwiebeln und der Duft des Salbeis harmonieren mit dem Geschmack der Leber. Die Tradition sieht Schweinsleber vor, doch heutzutage verwendet man zumeist die weniger intensive Kalbsleber.

Für 4 Personen: 600 g Kalbsleber • Mehl • 1 Zwiebel (fein gehackt) • 2 Salbeizweige (Blätter grob gehackt) • 4 EL natives Olivenöl extra • 50 g Butter • 1 EL Weißweinessig • Salz und Pfeffer nach Belieben

Leber waschen, trockentupfen und in Scheiben schneiden. Zwiebel und Salbeiblätter in der mit Öl vermischten Butter leicht anbräunen. Essig oder 2 EL Wasser dazugeben und 15–20 Minuten leicht köcheln lassen. Die Leber beifügen und bei starker Hitze (nicht länger als 5 Minuten) durchrösten, salzen und pfeffern. Sofort sehr heiß mit dem Bratensaft servieren. Passt sehr gut zu einer weichen Polenta oder zu im Ofen gegrillten Polentascheiben.

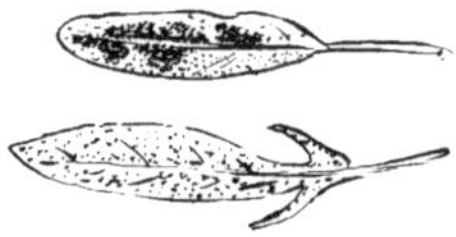

Aal in Salbei-Butter-Sauce

Zu fetten Gerichten wie etwa Aal ist frischer oder getrockneter Salbei ein Klassiker.

Für 4 Personen: 600 g Aal (küchenfertig, ohne Haut) • Salz und Pfeffer • Saft einer Zitrone • 2 Knoblauchzehen (zerdrückt) • 8 Salbeiblätter • 100 g Butter

Den Aal waschen, in beliebig große Stücke schneiden und auf einem Teller anrichten, salzen und pfeffern und Zitronensaft, Knoblauch und die Hälfte der Salbeiblätter auf den Fischstücken verteilen. Den Aal in dieser Marinade mindestens 60 Minuten ziehen lassen. In einer Pfanne Butter mit den restlichen Salbeiblättern schmelzen, Fisch einlegen und ihn unter mehrmaligem Wenden langsam dünsten. Die Stücke nach 15–20 Minuten herausnehmen und zusammen mit der Butter servieren.

Kürbisbällchen mit Chiasamen

Für 4 Personen: 500 g Kürbis (gekocht) • 1 Ei • 4 EL Mehl • 6 EL Paniermehl • 3 EL Grana Padano • 2 EL Chiasamen • 3 getrocknete Salbeiblätter (zerkleinert) • Salz und Pfeffer nach Bedarf • Erdnussöl zum Frittieren

Kürbis mithilfe einer Gabel oder eines Mixers pürieren. Das Ei dazugeben und anschließend Mehl, Paniermehl, Parmesan, Chiasamen, Salbeiblätter sowie Salz und Pfeffer untermischen.

Mit befeuchteten Händen Bällchen oder Würstchen in gewünschter Größe formen. In einer Pfanne etwas Öl erhitzen und, sobald es heiß ist, die Bällchen nach und nach einlegen. Vorsichtig wenden, damit sie nicht zerfallen. Wenn sie goldbraun sind, auf Küchenpapier abtropfen lassen und noch heiß servieren.

Gefülltes Perlhuhn aus dem Ofen

Der wissenschaftliche Name des Perlhuhns, *Numida meleagris*, steht einerseits in Verbindung mit dem historischen Numidien, der ursprünglichen Heimat dieser Gattung, andererseits mit einer antiken griechischen Sage. Laut dieser starb Meleagros nach der Jagd eines von Artemis gesandten Ebers und eines darauffolgenden Streits. Seine Schwestern weinten darüber so sehr, dass sie von den Göttern in Perlhühner verwandelt wurden. Die Tränen wurden zu Perlen und zieren fortan als weiße Tupfen das Gefieder des Perlhuhns, worauf auch seine deutsche Bezeichnung hinweist.

Für 4 Personen: 80 g Kochschinken (in Scheiben) • ½ Zwiebel • natives Olivenöl extra • einige Salbeizweige (Blätter gehackt) • 4 Scheiben Toastbrot • 100 ml Milch • 3 EL Parmesan (gerieben) • 1 Ei • Salz und Pfeffer • 1 Perlhuhn (küchenfertig) • 30 g Butter (weich) •
Für die Sauce: 20 g Butter • 4 Salbeiblätter • 20 g Mehl • 100 ml Rotwein • 200 ml Gemüsebrühe • Salz und Pfeffer

Backofen auf 180 °C Ober-/Unterhitze vorheizen. Schinken klein schneiden. Zwiebel in dünne Scheiben schneiden und wenige Minuten in einer beschichteten Pfanne mit 1 EL Öl und 3 gehackten Salbeiblättern anbraten. Toastbrot in Stücke teilen und mit der Milch übergießen, dann ausdrücken und mit Parmesan, Ei, Schinken und der Zwiebel in eine Schüssel geben. Gut mischen und mit Pfeffer und Salz abschmecken. Das Perlhuhn mit der Mischung füllen und die Öffnung zunähen. Die weiche Butter mit dem verbliebenen Salbei, Salz und Pfeffer durchmischen. Das Perlhuhn in eine feuerfeste Form setzen und sorgfältig mit der Buttercreme einreiben. Im vorgeheizten Ofen ca. 60 Minuten garen, dabei von Zeit zu Zeit mit dem Bratensaft übergießen. Für die begleitende Sauce Butter zerlassen, Salbeiblätter einlegen, Mehl dazugeben, dieses goldgelb anschwitzen und den Rotwein mit dem Schneebesen unterrühren; sobald dieser zu kochen beginnt, die heiße Gemüsebrühe beifügen. Salzen und pfeffern und weitere 10 Minuten köcheln. Das Perlhuhn zusammen mit der Weinsauce und der Füllung servieren.

Brathähnchen mit Salbei

Für 4 Personen: 2 Schalotten (in Scheiben) • 30 ml natives Olivenöl extra • 1 Brathuhn (in 8 Teile zerlegt) • 1 Karotte (in kleinen Stückchen) • 8–10 Salbeiblätter • 1 Rosmarinzweig • 150 ml trockener Weißwein • 500 ml Fleisch- oder Gemüsebrühe • Salz und Pfeffer nach Bedarf

In einem großen Topf die Schalotte im Öl anbräunen. Hühnerfleisch, Karotte, Salbeiblätter und den Rosmarinzweig dazugeben. Fleisch von allen Seiten braun braten. Wein zugießen und verdampfen lassen, salzen und pfeffern und bei kleiner Flamme weiterkochen, dabei die Hühnerteile immer wieder vorsichtig wenden. Sobald die Brühe verdampft ist, etwas davon nachgießen. Ca. 40 Minuten kochen, dann die Hühnerteile auf einen Teller geben, Sauce mit einem Stabmixer pürieren, Hühnerfleisch wieder einlegen und nochmals ca. 10 Minuten köcheln.

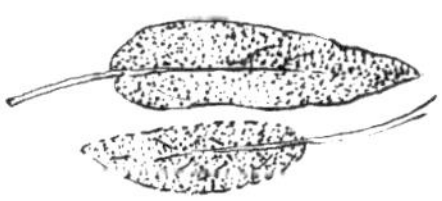

Meerbarben mit Zitrone und Salbei

Für 4 Personen: 800 g Meerbarben • 6 EL natives Olivenöl extra • ca. 15 Kapern • 100 ml trockener Weißwein • 4 große Salbeiblätter (gehackt) • 1 Bio-Zitrone (Schale abgerieben, Saft ausgepresst) • Salz

Barben schuppen und durch einen kleinen Schnitt am Bauch ausnehmen, das Innere gut waschen. In einem Sieb ca. 20 Minuten abtropfen lassen, dann auf einem beschichteten, mit 3 EL Öl gefetteten Backblech anordnen; das restliche Öl, die Kapern, Weißwein, Salbei, Schale einer halben Zitrone sowie ein wenig Zitronensaft über die Fische geben. Bei mäßiger Hitze ca. 15 Minuten garen. Barben auf Tellern anrichten, den Saft eindicken lassen und über den Fisch gießen.

Kalbsschnitzel und Zucchini in Carpione

Im Piemont und anderen Teilen der Lombardei gibt es eine Marinade, die aus Essig oder auch Wein und Essig sowie Zwiebeln hergestellt wird und in der Salbei eine essentielle Rolle spielt. Die *Carpione* entstammt der ländlichen Tradition der Langhe und gelangte vermutlich durch Haushälterinnen in die bürgerlichen Häuser Turins. Typischerweise besteht dieses Gericht aus frittierten Zucchini, Kalbskotelett oder paniertem Hühnerschnitzel und pochierten oder gebratenen Eiern, die mit *Carpione* übergossen und 24 Stunden später kalt genossen werden. Dort, wo es Seen gibt, wird das Fleisch durch Karpfen, Schleie, Aal und andere Süßwasserfische ersetzt. Die klassische Mischung von Essig und Wein ist 1:3 wobei man sowohl Weinessig (weiß oder rot) als auch Apfelessig verwenden kann. Zusammen mit Rotwein nimmt man roten Weinessig und umgekehrt. Das Mischungsverhältnis kann sich je nach Geschmack oder Erfordernis ändern. Das hier angegebene Rezept ist mit Zucchini und Kalbfleisch gemacht. Mit Sicherheit wird ein mariniertes Wiener Schnitzel Ihre Gäste in Erstaunen versetzen. Der Fantasie sind hier jedoch keine Grenzen gesteckt, und falls diese Marinade Ihren Geschmack trifft, können Sie mit anderen Zutaten experimentieren.

Für 4 Personen: 800 g Kalbsschnitzel • 2 Eier (verquirlt) • Paniermehl nach Bedarf • Erdnussöl • Salz • 5–6 EL natives Olivenöl extra • 1 große rote Zwiebel (fein gehackt) • ca. 15 Salbeiblätter • 2 Knoblauchzehen • 450 ml trockener Weißwein • 125 ml weißer Apfelessig

Kalbsschnitzel erst durch das Ei, dann durch das Paniermehl ziehen und in reichlich heißem Erdnussöl ausbacken. Sobald die Schnitzel fertig sind, aus der Pfanne nehmen, auf einen mit Küchenpapier ausgelegten Servierteller legen und salzen. Für die Carpione Olivenöl in eine Pfanne geben, Zwiebel hinzugeben und auf niedriger Flamme glasig werden lassen. Salbeiblätter und Knoblauchzehen (beides ganz oder gehackt) beifügen und 2–3 Minuten unter häufigem Rühren anbraten. Mit Wein und Essig aufgießen, leicht aufkochen lassen und die kochend heiße Carpione über die Schnitzel gießen. Es empfiehlt sich, die Schnitzel öfter zu wenden, damit sie die Marinade aufnehmen. Nach dem Abkühlen in einem Geschirr mit Deckel in den Kühlschrank stellen und vor dem Verzehr mindestens 12 Stunden (besser einen ganzen Tag) ziehen lassen. Das Gericht hält sich im Kühlschrank ein paar Tage.

Gefüllte Paprika mit Thunfisch und Salbei

Für 4 Personen: 4 mittelgroße Kartoffeln • 20 schwarze Oliven (entsteint) • 20 in Salz eingelegte Kapern • 350 g gut abgetropfter Thunfisch (Dose) • 1 großes Ei (verquirlt) • 6–8 getrocknete Salbeiblätter (zerkleinert) • 4–5 EL Paniermehl • Salz und Pfeffer • 4 große Paprikaschoten • natives Olivenöl extra • 50 g Parmesan (fakultativ)

Kartoffeln dämpfen oder kochen. Oliven und Kapern grob hacken. Thunfisch mit einer Gabel zerteilen. Kartoffeln abkühlen lassen, schälen und durch die Flotte Lotte in eine Schüssel passieren. Backofen auf 180 °C Ober-/Unterhitze vorheizen.

Ei, Salbeiblätter, Thunfisch, Oliven, Paniermehl sowie Kapern dazugeben und salzen. Die Zutaten gut miteinander vermischen. Paprikaschoten unter fließendem Wasser waschen, Kappen abschneiden und beiseitelegen. Samen und allfällige Fasern beseitigen. Das Innere der Paprika etwas ölen und salzen und sie mit der Thunfischmasse füllen. Nach Wunsch die Füllung mit Parmesan bestreuen. Jeden Paprika mit der eigenen Kappe bedecken, mit etwas Öl beträufeln und mit ein wenig gemahlenem Pfeffer und einer Prise Salz würzen. Auf ein mit Backpapier ausgelegtes Blech setzen und im vorgeheizten Ofen ca. 45 Minuten garen. Vor dem Servieren etwas abkühlen lassen.

Dorade in Salbeisalz

Heute ist Salz ein alltägliches Gut, das stets zur Hand ist, doch einst war es selten und teuer. Bei den Römern als *weißes Gold bekannt*, spielte es ab der Neusteinzeit nicht nur bezüglich der Ernährung, sondern auch in ökonomischen, religiösen, politischen und sozialen Beziehungen zwischen unterschiedlichen Kulturen und Ländern eine fundamentale Rolle. Beim hier angeführten Rezept handelt es sich um ein sehr einfaches Verfahren, das nicht viele Zutaten verlangt und bei dem das Fleisch der Doraden dank des umhüllenden Mantels aus Salbeisalz im eigenen Saft gart, dadurch weich und saftig bleibt. Die Dorade kann durch Wolfsbarsch oder Zahnbrasse ersetzt werden.

Für 4 Personen: 2 Doraden (à ca. 500 g) • 2 kg grobes Salbeisalz (siehe S. 55) • 4 Knoblauchzehen • 1 Bio-Zitrone • 4 Salbeizweige • natives Olivenöl extra

Backofen auf 200 °C Ober-/Unterhitze vorheizen. In der Zwischenzeit die Doraden waschen und ausnehmen, aber nicht schuppen. Das Innere leicht salzen und jeweils eine Knoblauchzehe, einige Zitronenscheiben sowie die Salbeizweige und je 1 Spritzer Öl in die Bauchhöhle geben.

Eine Fettpfanne oder eine große, feuerfeste Form mit Backpapier auslegen, eine Schicht von 2–3 cm Salbeisalz einstreuen und mit einem Spritzer Wasser befeuchten. Doraden auf das Salzbett legen und mit dem verbleibenden Salz bedecken; leicht andrücken, um es der Fischform anzupassen. Etwas Wasser auf die Oberfläche spritzen und für 40 Minuten in den Ofen geben. Am Ende der Garzeit den Fisch aus dem Ofen nehmen, einige Minuten warten und dann die Salzkruste aufbrechen, ohne den Fisch zu verletzen. Gräten und Flossen der Doraden entfernen und die Filets mit etwas Öl und Zitrone zu gemischtem Salat und Kartoffeln servieren.

Salviata nach Toskana-Art

Salviata ist ein einfaches und schmackhaftes Gericht aus bäuerlicher Tradition. In Form eines im Ofen gebackenen Omeletts war es bereits in der Renaissance bekannt und wurde in alten, von Generation zu Generation weitergegebenen Rezeptsammlungen oft angeführt.

Für 4 Personen: 8 Eier • Salz und Pfeffer • 50 g Pecorino oder Parmesan (gerieben) • 150 ml Milch • 15–20 Salbeiblätter (fein gehackt) • 50 g Mehl (universal) • Butter für die Form

Backofen auf 180 °C Ober-/Unterhitze vorheizen. Eier in einer Suppenschüssel verquirlen, Salz, Pfeffer, Käse, Milch, Salbei und nach und nach das Mehl dazugeben. Den Omelettteig in eine runde, feuerfeste, gebutterte Form geben und im vorgeheizten Ofen ca. 15 Minuten backen. Die Salviata soll an der Oberfläche goldgelb und innen ein wenig cremig sein. Sie schmeckt heiß wie kalt.

Saltimbocca alla romana

Der »Papst« der italienischen Küche, Pellegrino Artusi, geht in seinem berühmten Buch *Von der Wissenschaft des Kochens und der Kunst des Genießens* davon aus, dieses Rezept sei Ende des 19. Jahrhunderts vom Koch der Trattoria *Le Venete* in Rom kreiert worden. Nicht zuletzt dank Artusis Buch wurde es zu einem der im In- und Ausland berühmtesten Gerichte der römischen Küche und seine Zubereitung zum Vorzeigestück von Köchen und Hausfrauen in ganz Italien, wodurch es zu nicht wenigen Varianten kam (so wird der Rohschinken durch Speck ersetzt, kommen im Süden Kapern und Tomaten hinzu, werden die Schnitzel gerollt oder es wird Käse dazugegeben).

Für 4 Personen: 6 Kalbsschnitzel (je ca. 100 g) • 12 dünne Scheiben nicht zu salziger Rohschinken (wie etwa Parma oder San Daniele) • 12 große Salbeiblätter • Mehl nach Bedarf • 40 g Butter oder 20 g Salbeibutter • 20 g Butter • 2 EL natives Olivenöl extra • ca. 500 ml Weißwein • Salz und Pfeffer

Schnitzel halbieren, evtl. Sehnen oder Fett entfernen und leicht klopfen. Auf jede Hälfte 1 Scheibe Rohschinken und 1 Salbeiblatt legen und diese der Länge des Fleischstücks nach mit einem Zahnstocher feststecken. Schnitzel in Mehl wenden, überschüssiges Mehl abklopfen, Butter und Öl in einer großen Pfanne erhitzen, Schnitzel einlegen und 2 Minuten pro Seite anbraten, Wein zugießen und verdunsten lassen. Mit Salz und Pfeffer abschmecken. Fleisch aus der Pfanne nehmen, auf einen Teller legen, warm halten und den Fond reduzieren. Die Saltimbocca mit dem Fond servieren.

Korsische Salviade

In Bastia und in der Haute-Corse bereitet man traditionellerweise zu Allerheiligen die *Salviata* oder *Salviade* zu, einen S-förmigen Kuchen, der getrockneten Salbei enthält, welchem er auch seinen Namen verdankt. Es gibt zahlreiche Varianten (mit Hefe oder mit Backpulver, mit Zitrone oder Anis). Liebhaber des Salbeigeschmacks können die herkömmliche Butter auch durch Salbeibutter (siehe Rezept S. 55) ersetzen.

Für 2 oder mehr Stück: 80 g Butter • 150 g Zucker • 2 große Eier • 8 getrocknete Salbeiblätter (zerkleinert) • abgeriebene Schale einer Bio-Zitrone • 1 Prise Salz • 1 Pck. Backpulver • 350 g Mehl • Puderzucker

Backofen auf 180 °C Ober-/Unterhitze vorheizen. In einer Schüssel von Hand oder mit einem Mixer die Butter mit dem Zucker verrühren, dann Eier, Salbei, Zitronenschale und 1 Prise Salz dazugeben. Zuletzt das mit dem Backpulver versiebte Mehl nach und nach unterrühren. Wenn sich die Zutaten gut vermischt haben und ein homogener Teig entstanden ist, diesen in zwei bis drei Stücke teilen, längliche Stränge formen und diese zu einem S biegen. Den Teig mit den Händen leicht platt drücken, ein Backblech mit Backpapier auslegen, die Salviate mit ein paar Zentimetern Abstand auflegen und im vorgeheizten Ofen ca. 20 Minuten backen. Herausnehmen und mit Puderzucker bestreuen.

Schokomuffins mit Salbei und Piment

Manchmal braucht es nicht viel, um einfache Schokomuffins in ein raffiniertes Dessert für Feinschmecker zu verwandeln. Das Geheimnis einer solchen Verwandlung liegt in der Verwendung von gesalzener Butter, Salbei und Piment.

Für 12 Muffins: ca. 10 frische Salbeiblätter • 150 g gesalzene Butter • 100 g dunkle Schokolade • Piment (gemahlen) • 3 Eier • 100–120 g Rohrzucker • 250 g glattes Mehl (Deutschland Type 405) • Salz • 2 EL Kakaopulver (ungesüßt) • 50 ml Milch • ½ Pck. Backpulver

Backofen auf 180 °C Ober-/Unterhitze vorheizen. Salbei waschen, trocknen und sehr fein hacken. Butter weich werden lassen, die Schokolade im Wasserbad erwärmen und, bevor sie ganz geschmolzen ist, 1 Prise Piment dazugeben. Eier mit dem Zucker auf das doppelte Volumen aufschlagen, die geschmolzene Schokolade, 1 Prise Salz, den Kakao und die Milch beifügen, nach und nach das mit dem Backpulver versiebte Mehl und zuletzt den Salbei unterrühren. Papierförmchen in die Muffinformen geben, Teig gleichmäßig einfüllen und die Muffins im vorgeheizten Ofen ca. 20 Minuten backen.

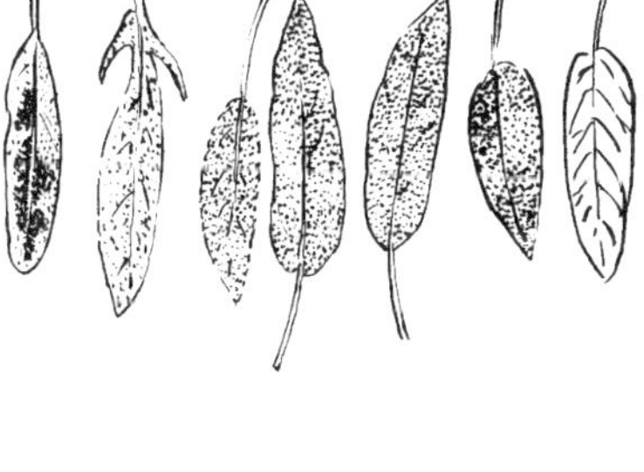

Sorbet mit Salbei und Honig

Für 6 Personen: 2 Salbeizweige plus einige Blätter zum Garnieren • 35 g Honig • 180 g Zucker • abgeriebene Schale einer Bio-Zitrone • 1 l Mineralwasser • 2 Eiweiß • 1 Prise Salz

Salbei waschen und trocknen, die Blätter zweier Salbeizweige in feine Streifen schneiden. In einem Topf 400 ml Wasser zum Kochen bringen, Salbeistreifen, Honig und Zucker einrühren. Ca. 10 Minuten kochen lassen, dabei den an der Oberfläche sich bildenden Schaum entfernen; die Flüssigkeit anschließend 60 Minuten stehen lassen. Zitronensaft dazugeben, alles filtern und mit dem Mineralwasser verdünnen. In ein Glasgefäß gießen und abgedeckt ca. 60 Minuten in den Tiefkühler stellen; immer wieder umrühren, damit sich keine zu großen Eiskristalle bilden. Eiweiß mit 1 Prise Salz zu steifem Schnee schlagen. Sorbet aus dem Tiefkühler nehmen, mit dem Schneebesen ca. 2 Minuten zu weicher Konsistenz schlagen und das Eiweiß anschließend vorsichtig unterheben. Für weitere 30 Minuten in den Tiefkühler stellen. Danach abermals ca. 2 Minuten mit dem Schneebesen cremig schlagen und nochmals für 90 Minuten in den Tiefkühler geben, damit es fest wird. Anschließend 20 Minuten in den Kühlschrank stellen und mit einem Löffel oder Eis-Portionierer Kugeln formen. Diese in Eisbecher geben und mit Salbeiblättern garnieren oder mit etwas Salbeisirup (siehe Rezept S. 53) oder Salbeilikör (siehe Rezept S. 52) beträufeln.

Panna cotta mit Salbei und Erdbeersauce

Panna cotta ist nach Tiramisu das in Italien und auch im Ausland bekannteste und beliebteste Creme-Dessert. Der Geschmack von Ananassalbei und Kokosmilch geben diesem Nachtisch eine besondere Note.

Für 4 Personen: 1 großer Bund frischer Ananassalbei plus 4 schöne Blätter zur Dekoration • 100 ml Kokosmilch • 7 g Blattgelatine (4–5 Blatt) • 400 ml Sahne • abgeriebene Schale einer Bio-Zitrone (nach Möglichkeit grün) • 80 g Zucker • 250 g Erdbeeren • 2 EL Puderzucker

Salbeiblätter sorgfältig waschen, in die kochend heiße Kokosmilch geben und 30 Minuten ziehen lassen. Gelatine in wenig kaltem Wasser einweichen (5–10 Minuten, die Blätter einzeln einlegen, damit sie nicht zusammenkleben); einstweilen Sahne mit Zitronenschale erhitzen, Zucker dazugeben und einige Minuten sieden lassen. Achtung, die Flüssigkeit darf nicht kochen! Die abgekühlte Kokosmilch abseihen und mit der gut ausgedrückten Gelatine zur Sahne geben. Unter ständigem Rühren beinahe zum Kochen bringen, vom Herd nehmen und in 6 Schälchen füllen. Nach dem Auskühlen für mindestens 4 Stunden in den Kühlschrank stellen. Vor dem Servieren die Erdbeeren waschen, trocknen, die Stielansätze entfernen, mit dem Puderzucker pürieren und auf die Panna cotta träufeln.

Apfeltorte mit Salbei

Für 8 Personen (Springform mit 26 cm Durchmesser):
2 Eier • 120 g Zucker • abgeriebene Schale einer Bio-Zitrone • 4 große getrocknete Salbeiblätter (zerkleinert) • 100 ml Milch • ca. 2 EL Salbeilikör (siehe Rezept S. 52) • 100 g Butter (geschmolzen) + etwas für die Form • 1 Pck. Backpulver • 1 Prise Salz • 200 g glattes Mehl (Deutschland Type 405) + etwas für die Form • 1 kg Äpfel (Reinette oder Golden Delicious)

Eier mit Zucker vermischen, Zitronenschale, Salbeiblätter, Milch, Salbeilikör und Butter dazugeben. Nochmals gut durchmischen. Zuletzt das mit dem Backpulver und 1 Prise Salz versiebte Mehl einstreuen. Ca. 20 Minuten ruhen lassen. Inzwischen den Backofen auf 170 °C Ober-/Unterhitze vorheizen, Äpfel entkernen, in Stücke schneiden, in den Teig geben, diesen in die gebutterte und bemehlte Form füllen und im vorgeheizten Ofen ca. 50 Minuten backen.

Clafoutis mit Birnen und Salbei

Eine Variante des Clafoutis, des berühmten Kuchens aus der Region Limousin.

Für 8 Personen: 50 g Salbeibutter (siehe Rezept S. 55) plus etwas für die Form • 3 große Eier • 4–5 EL Zucker • 1 Prise Salz • 2 getrocknete Salbeiblätter (zerkleinert) • 250 ml Milch • 120 g glattes Mehl (Deutschland Type 405) • 5–6 reife, jedoch feste Birnen • nach Belieben Puderzucker oder Eiscreme oder Schlagsahne

Salbeibutter in einer Pfanne bei kleiner Flamme schmelzen. Eier mit Zucker aufschlagen, zerlassene Butter, Salz, Salbeiblätter und abwechselnd immer wieder etwas Milch und Mehl dazugeben. Beim Rühren darauf achten, dass sich keine Klumpen bilden. Den Teig 30 Minuten ruhen lassen. Birnen waschen, schälen und in Stücke schneiden. Backofen auf 180 °C Ober-/Unterhitze vorheizen.

Den Boden einer gebutterten und bemehlten Form mit den Birnenstücken auslegen und den Teig daraufgießen. Im vorgeheizten Ofen ca. 40 Minuten backen. Clafoutis lauwarm servieren und nach Geschmack mit etwas Puderzucker bestreuen.

Ein üppigeres, aber sehr köstliches Dessert erhält man durch die Zugabe von Eiscreme oder leicht gezuckerter Schlagsahne.

SALBEI, FLÜSSIG

Salbeiwein

Nach einem etwas zu reichhaltigen Essen ist er ein exzellentes Verdauungsmittel. Man kann ihn aus Tischwein herstellen, es empfiehlt sich jedoch die Verwendung von Likörweinen wie beispielsweise Marsala, Porto, Maury, Rivesaltes etc.

Für 1 Liter: 1 l Marsala (oder anderer Wein) • 80–100 g Salbeiblätter

Den gewaschenen und getrockneten Salbei zusammen mit dem Marsala in ein Glasgefäß geben und luftdicht verschließen. An einem dunklen und kühlen Ort ca. 10 Tage durchziehen lassen. Den Inhalt des Glases einmal täglich aufschütteln.

Nach Ablauf der vorgegebenen Zeit den Wein filtern und in Flaschen füllen. Vor der Verkostung einige Tage ruhen lassen. Kalt mit einem Stück Zitronenschale im Glas servieren. An einem trockenen, dunklen Aufbewahrungsort hält sich der Wein ca. 1 Jahr.

Salbeilikör

Ein einfach zu bereitender Likör, der sich perfekt als hausgemachtes Geschenk eignet und sich als Verdauungshilfe nach einem üppigen Essen empfiehlt. Sein frischer Geschmack verleiht darüber hinaus einem Fruchtsalat oder einer Dessertcreme eine eigene Note.

Für gut 1 Liter: 1 kleine Bio-Zitrone • 40 Salbeiblätter • 500 ml Alkohol (90%) • 500 ml Wasser • 500 g Rohrzucker

Zitrone waschen, abtrocknen, Schale ohne den weißen Teil in Streifen dünn abschälen. Salbeiblätter mit einem Tuch säubern, zusammen mit der Zitronenschale in ein luftdicht verschließbares Glas füllen und mit dem Alkohol bedecken. Gut verschlossen an einem kühlen, dunklen Ort aufbewahren. Einen Monat lang das verschlossene Gefäß täglich schütteln.

Nach Ablauf der angegebenen Zeit Wasser und Zucker in einen Topf geben, zum Kochen bringen, den Zucker unter Rühren auflösen und anschließend abkühlen lassen. Nach dem Abfiltern von Zitronenschale und Salbei den Sirup gut mit dem Alkohol vermischen. In Flaschen abfüllen, diese gut verschließen und vor Gebrauch zwei Monate ruhen lassen. Kalt oder mit Eiswürfeln servieren.

Salbeisirup

Salbeisirup versüßt nicht nur Tee, er passt bestens auf Zitroneneis, zu Schlagsahne, auf Panna cotta, zu Joghurt und Avocado, doch er eignet sich auch zur Zubereitung von süßsauren Saucen und gibt Dressings eine ganz besondere Note.

Für 1 ½ Liter: 120 g Salbeiblätter • 500 g Zucker • 1 l Wasser • 2 große Bio-Zitronen (1 davon in Scheiben)

Salbeiblätter waschen und trocknen. Zucker mit Wasser aufkochen, 5 Minuten köcheln lassen. Nach dem Abkühlen Salbeiblätter und Zitronenscheiben dazugeben. 2 Tage unter täglichem Umrühren im Kühlschrank ziehen lassen. Danach abseihen. Zweite Zitrone auspressen, den Saft beifügen und die Flüssigkeit nochmals aufkochen (ca. 10 Minuten köcheln lassen). In sterile Flaschen füllen und luftdicht verschließen. Der Sirup hält sich 1 Jahr.

SALBEI FÜR ALLE FÄLLE

Salbeisauce

Eine vielseitig verwendbare Sauce,
sowohl als Pesto zu Pasta, als Aufstrich für heiße Crostini, aber auch als Beigabe zu gegrilltem Gemüse, Grillhähnchen, gedämpften Kartoffeln, gedünstetem Fisch und gesottenem Fleisch.

30 frische Salbeiblätter • 160 ml natives Olivenöl extra • 120 g Cashew- oder Makadamianüsse • 2 Knoblauchzehen (fein gehackt oder gepresst) • 50 g Parmesan oder Pecorino Romano (gerieben) • Salz und Pfeffer

Salbei waschen und trocknen. Öl in einer kleinen Pfanne auf schwacher Flamme erhitzen und die Salbeiblätter darin knusprig braten (ca. 5 Minuten). Aufpassen, dass sie dabei nicht anbrennen. Cashews 2–3 Minuten unter Rühren mitrösten, zuletzt den Knoblauch beifügen, Herd ausschalten. Die Mischung ca. 15 Minuten abkühlen lassen. Anschließend zusammen mit dem Parmesan in den Mixer geben, falls nötig noch etwas Öl beifügen und zu einer cremigen Konsistenz mixen. Mit Salz und Pfeffer abschmecken, nochmals kurz durchmixen, in ein Gefäß füllen und verschließen. Die Sauce hält sich im Kühlschrank ca. 1 Woche.

Salbeibutter

15 Salbeiblätter • 1 Knoblauchzehe (fakultativ, zerdrückt) • abgeriebene Schale einer Bio-Zitrone • 250 g Butter (weich) • Salz und Pfeffer

Salbei waschen und trocknen, fein hacken. Knoblauch, Zitronenschale (ohne ihren weißen Teil) sowie Salbeiblätter mit der Butter in eine Schüssel geben; salzen, pfeffern und die Zutaten gut vermischen, bis eine homogene Creme entsteht. Mittels Backpapier oder Alufolie eine Wurst formen, deren Enden mit Spagat verschließen und anschließend im Kühlschrank fest werden lassen.

Salbeisalz

Salbeisalz (grob oder fein) kann man sowohl mit getrocknetem als auch mit frischem Salbei herstellen. Verwendet man getrockneten Salbei und getrocknete Zitronenschale, so ist ein Trocknen im Ofen nicht nötig. Zum Salbei kann man auch Rosmarin, Majoran, Knoblauch sowie Pfeffer und die Schalen von Zitrusfrüchten geben.

60 g Salbei • 1 Bio-Zitrone • ½ kg grobes, unraffiniertes Meersalz

Backofen auf 60 °C Ober-/Unterhitze vorheizen. Salbeiblätter waschen und gut trocknen. Zitrone mit dem Sparschäler oder einem Zestenreißer schälen. Salbei, Zitronenschale und ein wenig Salz (maximal 100 g) in einen Mixer geben und stoßweise mixen, bis die gewünschte Konsistenz erreicht ist. Das gemixte mit dem restlichen Salz mischen, auf ein mit Backpapier ausgelegtes Blech geben und im vorgeheizten Ofen 20–30 Minuten trocknen, dabei von Zeit zu Zeit umrühren. Wenn es vollständig getrocknet ist, in luftdicht verschließbare Gläser füllen und an einem dunklen, trockenen Ort aufbewahren.

Irisches Soda Bread mit Salbei

Dieses Brot nach irischer Tradition – von dessen beiden Haupttypen *brown soda bread* (mit Vollkornmehl) und *white soda bread* (mit Weizenmehl) es viele Varianten gibt – ist ein einfach herzustellendes Brot, da es keine Hefe enthält, denn das Brot geht durch die Verbindung von Natron mit Säure, in diesem Fall mit Buttermilch, auf.

Seit der zweiten Hälfte des 19. Jahrhunderts wurde *soda bread* das alltägliche Brot in vielen irischen Haushalten, ein Nahrungsmittel mit identitätsstiftendem Geschmack, das auch heute während des St. Patrick-Festes nicht fehlen darf und auf das anscheinend sogar Virginia Woolf Appetit hatte. Hier eine Version mit Salbei, die diesem nordeuropäischen Brot einen Hauch mediterranes Flair verleiht.

Für 1 Laib: 8 Salbeiblätter • 250 g Weizenmehl • 250 g Dinkelmehl • 1 TL Salz • 1 gestrichener TL Speisenatron • 2 getrocknete Salbeiblätter (zerkleinert) • 400–450 ml Buttermilch • 2 EL natives Olivenöl extra

Backofen auf 200 °C Ober-/Unterhitze vorheizen. Salbeiblätter waschen, trocknen und hacken. Beide Mehlsorten mit Salz, Natron sowie den frischen und getrockneten Salbeiblättern in einer Schüssel vermischen. Buttermilch und Öl dazugeben und alles rasch, aber gründlich durchkneten. In eine mit Backpapier ausgelegte Fettpfanne füllen (die Konsistenz sollte weich und klebrig sein) und mit gut bemehlten oder nassen Händen einen kleinen, hohen Laib formen (ca. 20 cm Durchmesser und 10 cm hoch). Mit einem scharfen Messer ein Kreuz in das Brot schneiden und mit etwas Mehl bestreuen. Für ca. 35 Minuten in den vorgeheizten Backofen geben. Das Brot ist fertig, wenn es beim Klopfen auf die Unterseite hohl klingt. Aus dem Ofen nehmen und ca. 10 Minuten warten, bevor man es in Scheiben schneidet.

Erdbeerkonfitüre mit Chiasamen

Unter Ausnützung der gelierenden Eigenschaften von Chiasamen kann man in kürzester Zeit und bei Verwendung von deutlich weniger Zucker eine köstliche Erdbeer- oder Waldbeer-Konfitüre herstellen. Da hierbei kein Kochen erforderlich ist, bleiben alle Vitamine erhalten und man erhält ein Produkt von besonders intensivem Aroma, das sich gut bei einem Brunch oder einer Jause verwenden lässt, aber auch als Topping für Löffeldesserts oder zu Naturjoghurt, anstelle von Tortengelee oder zur Dekoration eines Gerichts.

Für 2 Gläser à 250 ml: 500 g reife Erdbeeren • 4 EL Chiasamen • 4 EL Rohrzucker

Erdbeeren waschen, den grünen Teil entfernen und vierteln. Mit dem Pürierstab zerkleinern. Die Chiasamen und dann den Zucker zugeben; gut mischen und dabei darauf achten, dass die Chiasamen nicht aneinander kleben bleiben. Die Konfitüre in sterile Gläser abfüllen. Ca. 60 Minuten ruhen lassen. In den Kühlschrank stellen und innerhalb von 5 Tagen verbrauchen.

LITERATUR

Cathy Bernabé, *Le Monde des sauges*, Arles 2004
G. De Vitofranceschi, *La salvia: pianta sacra e medicinale*, Milano 1983
E. Heidböhmer, *Die Heilkraft von Salbei: Antibakteriell – Schweißhemmend – Verdauungsfördernd*, München 2012
S. E. Kintzios Sage, *The genus salvia*, Amsterdam 2000
T. Maselli, *La salvia tuttofare. Dalla cucina alla salute, alla bellezza*, Torino 2015
T. Wengel, *Salbei*, Leipzig 2017

DANKSAGUNG

Whatever happens to you, don't fall in despair. Even if all the doors are closed, a secret path will be there for you that no one knows. You can't see it yet but so many paradises are at the end of this path. Be grateful! It is easy to thank after obtaining what you want, thank before having what you want.
Tzvi Freeman

Mein Dank gilt Michael Baiculescu vom Mandelbaum Verlag und Irmi Kanwar für ihre wertvolle linguistische Hilfe.
Dank sagen möchte ich auch Ximena Seguel, die mich auf vielfältige Weise unterstützt hat und mich dazu ermunterte, das Buch zu schreiben.
Dieses Buch widme ich Fabio Giuli ZT'L und Chanan Tannich.

DIE AUTORIN

Tatiana Y. Silla wurde 1968 in Triest geboren, wo sie Philosophie studierte. Sie lebt zwischen Turin und Wien und beschäftigt sich mit der Geschichte der Gastronomie, insbesondere in ihrer Heimatregion Friaul-Julisch Venetien un58d Triest. Sie ist Übersetzerin und Herausgeberin (Bücher von Jacques Derrida, Placide Tempels und Wilhelm Speyer) sowie freie Forscherin im Centro Interdipartimentale di Ricerca sulla Comunicazione (CIRCE) an der Universität Turin. Bei Mandelbaum erschienen bislang von ihr das *Triestiner Kulinarium*, *Basilikum*, *Feige*, *Zucchini*, *Tomate* und *Rosmarin*.

REZEPTVERZEICHNIS

Aal in Salbei-Butter-Sauce 37
Aigo boulido 29
Apfeltorte mit Salbei 50
Bohnen-Salbei-Cremesuppe 31
Brathähnchen mit Salbei 39
Champignon-Salbei-Aufstrich 28
Clafoutis mit Birnen und Salbei 51
Dorade in Salbeisalz 43
Erdbeerkonfitüre mit Chiasamen 57
Irisches Soda Bread mit Salbei 56
Kalbsschnitzel und Zucchini in Carpione 40
Korsische Salviade 46
Kürbisbällchen mit Chiasamen 37
Leber nach Venezianer Art 36
Meerbarben mit Zitrone und Salbei 40
Muffins, salzige, mit Birne, Käse und Salbei 26
Panna cotta mit Salbei und Erdbeersauce 48
Paprika, gefüllte, mit Thunfisch und Salbei 42
Perlhuhn, gefülltes, aus dem Ofen 38
Risotto mit Salbeiblüten 35
Salbeibutter 55
Salbeichips 26
Salbei, frittierter, mit Sardellen 25
Salbeikekse, salzige 27
Salbeilikör 52
Salbeisalz 55
Salbeisauce 54
Salbeisirup 53
Salbeiwein 52
Saltimbocca alla romana 45
Salviade, korsische 46
Salviata nach Toskana-Art 44
Scampi im Ofen mit Pancetta und Salbei 29
Schokomuffins mit Salbei und Piment 47
Sorbet mit Salbei und Honig 48
Spaghetti mit Salbei, Mandeln und Tomaten 33
Strangolapreti 34
Suppe, Bohnen-Salbei-Creme- 31
Suppe mit Lauch, Zucchini und Kartoffeln 30
Tagliatelle mit Pfifferlingen und Salbei 32
Thunfischspaghetti »My Way« 32
Tofubällchen mit Salbei 28

mandelbaums *kleine gourmandisen*

Jeweils 60 Seiten | Euro 14,– | Gebunden

APFEL
ARTISCHOCKE
AVOCADO
BANANE
BASILIKUM
BIRNE
BUCHWEIZEN
CHILI
DATTEL
ERBSE
ERDBEERE
ERDNUSS
FEIGE
FENCHEL
GRANATAPFEL
GURKE
HASELNUSS
HEIDELBEERE
HIMBEERE
HOLUNDER
JOHANNISBEERE
KAKAO
KARFIOL BLUMENKOHL
KAROTTE MÖHRE
KICHERERBSE
LAVENDEL
LINSE
MAIS
MANDEL
MANGOLD
MARILLE APRIKOSE
MARONE ESSKASTANIE

MELANZANE AUBERGINE
MOHN
MORCHEL
ORANGE
PASTINAK
PINIE
PISTAZIE
QUITTE
RADICCHIO
RHABARBER
ROSMARIN
ROTE RÜBE ROTE BETE
SAFRAN
SALBEI
SELLERIE
SENF
SESAM
SPARGEL
SPEIERLING
STEINPILZ
TAFELTRAUBE
TOMATE
THYMIAN
VANILLE
WALNUSS
WEICHSEL SAUERKIRSCHE
WEIZEN
ZIMT
ZITRONE
ZUCCHINI
ZWETSCHGE
ZWIEBEL